明治発、世界へ！

明治大学サッカー部監督
栗田大輔

From Meiji University to the world!

まえがき

明治大学体育会サッカー部は1921年（大正10年）に創部され、本年で100年になります。

日本サッカー協会と同年に誕生した当部ですが、この100年、日本のサッカーは飛躍的に発展を遂げてきました。

私が子どもの頃、ワールドカップや世界のサッカーは別世界でした。テレビで世界のサッカーを見ることができたのは「ダイヤモンドサッカー」「ワールドカップ」「トヨタカップ」くらいで、ブラジルやアルゼンチンの南米勢、西ドイツやフランスの欧州勢にワクワクしながら、食い入るようにテレビに張り付いていたのを記憶しています。

高校サッカーにも熱狂しました。静岡県清水市（現・静岡市清水区）で育った私は、清水東高校の大ファンで、満員の観衆の中、国立競技場でプレーすることが夢でした。

国立でプレーする夢はかないませんでしたが、清水東高校のサッカー、清水のサッカーは本当に楽しかったです。

しかしながら、大学サッカーに関しての知識は、正直なところあまりありませんでした。高校サッカーで活躍した全国の有名選手たちが、大学に進学していくのをサッカーマガジンやサッカーダイジェストで目にする程度でした。

私が大学生の頃も、関東大学サッカーリーグで活躍する選手は錚々たる顔ぶれで、筑波大学、早稲田大学などが大学サッカーを牽引していました。

その後、1993年にJリーグが発足し、日本代表がワールドカップに初出場します。以降は海外でプレーする選手も増え、日本サッカーは急速な発展を遂げました。当部も杉山隆一氏（東京五輪出場、メキシコ五輪銅メダル獲得）、木村和司氏（元日本代表）、佐々木則夫氏（2011年FIFA女子ワールドカップ優勝監督・FIFA女子年間最優秀監督賞受賞）、長友佑都氏（ワールドカップ日本代表。3大会出場）をはじめ、多くのOBが日本サッカーの発展に貢献してきました。現在も約60名がプロサッカー選手として活動しています。

2013年、私は母校の指導に関わることになりました。まず驚いたのは、選手の熱量と規律の中で各人が個性を発揮し、全力で取り組んでいる環境でした。私が現役だった頃の明治大学体育会サッカー部とは別物です。

それは、2018年に亡くなられた井澤千秋さん（当時総監督）、現総監督の吉見章さん、前監督の神川明彦さんが１９９５年頃からサッカー部の改革を行い、あるべき学生の姿、あるべき体育会の姿を追求してきた結果だと思います。

当たり前に聞こえるかもしれませんが、大学生として学業とサッカーに全力で取り組む環境を築き、選手の意識改革を行い、全員がオンザピッチ、オフザピッチに限らず、高い次元の中で活動をし続けることの素晴らしさを痛感しました。

この「当たり前」の追求がどれだけ大変であったか。どれだけの熱量で向き合ってこられたか。本当に尊敬の念しかありません。

全国のＯＢも学生が学生らしく頑張り、全力を尽くす中で結果を残し、卒業生がＪリーグや日本代表で活躍するのを見ると、嬉しく、誇らしく思っていることでしょう。「栄枯盛衰」という言葉があります。近年、当部は良い成績を残し、プロサッカー選手になる者も多数います。しかし、明治に限らず、他の大学も素晴らしい指導と取り組みを行い、勝負にこだわっています。

少しでも慢心し、成長することを止めてしまっては、あっという間に結果は変わるかもしれません。また、結果だけを追い求めると、大切なものを失うかもしれません。

だからこそ、結果を出すために全力で取り組みながらも、ポリシーである「明治大学体育会サッカー部はプロの養成所ではなく、人間形成の場である」を貫き、選手の心の奥底で燃えている「何の遠慮や恥じらいもなく、全力で大好きなサッカーを追求したい」という想いに情熱をもって向き合い、選手の成長のために学び続けること、環境を作り続けることが大切であると考えています。

この本の出版の話をいただいたときは、非常に戸惑いました。

それは、私自身が語れるようなものではないということ。そして、明治大学体育会サッカー部として、それぞれの時代でＯＢが成功と失敗を繰り返しながら、積み上げてきたものが、現在につながっているからです。

しかし本書により、サッカー部の発展と学生の支援につながるなら、また、明治だけでなく、大学サッカーの魅力が伝わり、大学サッカーの発展につながるならという思いで決断しました。

選手、指導者、サッカーファンに限らず、サッカーに興味のない方もあわせて、これを読んだすべての方に、何かが伝わってくれたら嬉しく思います。

目次

第3章 強い個人の育て方

第4章 結果を出し続ける秘訣

第5章 大学サッカーの未来

第6章 特別対談

構成●鈴木智之
写真●武田敏将／アフロ
写真提供●明治大学サッカー部
装幀・本文組版●水木良太
編集●柴田洋史（竹書房）
制作協力●株式会社ジャパン・スポーツ・マーケティング
一般社団法人明大サッカーマネジメント
ＦＣ東京

第1章

明治大学サッカー部の流儀

部員全員がトップチームを目指す

明治大学サッカー部には、推薦入学の学生と一般入学の学生がいます。

推薦入学には学校の基準があり、全国大会出場経験や、年代別代表に選出経験があるなど、高校時代に実績を重ねた選手たちが入部して来てくれます。

一般入学の場合、最初は『練習生』という形で受け入れます。彼らは推薦で入って来た学生よりもサッカーのレベルが高いか、もしくは4年間、サッカー部に良い影響を与え続けることができるかといった基準を設け、入部できるかを判断します。

その基準を最初に伝えて、練習参加が始まります。

練習参加には期限がありません。2、3日練習に参加して「この選手は良いな」と、私を含めたスタッフが思えば入部することができますし、1日で「ちょっと厳しいな」というケースもあれば、1ヶ月参加した後に「力が足りなかった」と判断するケースもあります。

そこをクリアしてサッカー部に入った選手は、推薦で入った選手よりも俯瞰的にサッカー部をとらえることができたり、相当の覚悟で努力を繰り返すので、最後にグッと伸びたり、チームマネジメントの部分で活躍してくれることも多いです。

長友佑都（フランス／オリンピック・マルセイユ）や丸山祐市（名古屋グランパス）など、

一般入学でプロになった選手もいます。彼らは、前任の神川明彦監督時代の選手ですが、プロになって日本代表に上り詰めました。

最近では瀬川祐輔が一般入学です。東京の日大二高出身で明治を卒業後、Ｊ２のザスパクサツ群馬に入り、大宮アルディージャ、柏レイソルとステップアップしています。瀬川はスピードがあって身体能力が高く、両足でボールを蹴ることができる選手でした。

明治でサッカーをしたい選手はみんな受け入れてあげたいですが、1学年15人、合計60人程度が、私も含めてスタッフの目が届く範囲であり、全員がトップチームを目指す環境を作るための最大人数だと考えているので、おおよその人数制限を設けています。

明治が他の大学と違うのは、部員数が少ないこと。そして60人いる中で、60番目の選手もトップチーム入りを目指して猛烈に練習をすることです。

他の大学は、Ｉ（インディペンデンス）リーグの最終戦が4年生の引退試合になることも多いです。でも、明治の選手はIリーグが終わったとしても、それはあくまでも通過点で「次はインカレのメンバーに入るぞ」と、さらに先の目標を見据えています。そのマインドは根本的に他の大学とは違うと思います。目標が途切れることなくあり、切磋琢磨する環境がある。これが明治大学サッカー部の特徴です。

プライドは心の奥にしまっておく

高校時代に、ある程度の成功体験を積み重ねてきた彼らは、4年間の大学生活で挫折と失敗、成功を繰り返してもがきながら、競争の日々を送ります。

彼らはそれぞれ、プライドを持っています。高校時代には、ちやほやされたことだってあるでしょう。でも、過去の栄光は関係ありません。そこにしがみついている選手は、すぐに置いていかれます。それぐらい、みんなが上を見て、トップチームに入るんだ、スタメンで試合に出るんだ、プロになるんだという気持ちで、日々切磋琢磨しています。

プライドや過去の栄光にいつまでもしがみついていると、うまくいかないときに、「自分は悪くない」と、矢印を自分に向けず、人のせいにしてしまうことがあります。監督が悪いとか、コーチが悪いとか、審判の判定が……とか。人間は弱い生き物なので、そうなるのも仕方のないことかもしれませんが、そこで自分の考えや行動を省みて、「原因は自分にある」と考えることができるか。まずはそこが大切です。

矢印が外に向く原因は、自分の殻を破れない、人の話やアドバイスを素直に聞き入れることができないなど、不必要なプライドが影響していることが多いです。

そこで私は、明治大学という新たな環境に入って来た選手たちが、自分と向き合って、どのようにして新たにスタートすることができるかを見ています。

そうは言っても、1年生で入学して来る時に、年代別の日本代表だったり、高校選手権で活躍した選手であるといったことは、周りはわかっています。

そこで私は「持っているプライドを捨てる必要はない。君がこれまで積み重ねてきたものだから、大事にするのはいい。でもそれは、心の奥にしまっておこう。みんなわかっているから、見せびらかさなくてもいいのではないか」という話をします。

その中で向上心や貪欲さが生まれたり、やってやるぞという野心が芽生えたり、がむしゃらに頑張って、組織に馴染もうとしたり、自分を謙虚に見つめ直し、努力することを学んでいきます。

明治出身の選手がたくさんプロになっていますが、Ｊクラブの方と話をすると「明治の選手は、試合に出ていようが出てなかろうが、全力を尽くすことができる」「矢印が外に向かない。補正する力がある」「人の話を聞いて、自分を整える能力が高い」などと言っていただくことが多いです。そこは我々としてもこだわっているところですし、だからこそ、プロへ進んでも、クラブの中心的な存在になる選手が多いのだと思っています。

水曜日は過負荷トレーニング

基本的に練習は朝6時から8時までの2時間です。朝に練習をすると、それ以降の時間を有意義に使うことができるので、とても良いと思っています。

学生の本分は勉強です。8時に練習を終え、1限の授業に出ます。6時から練習を始めるとなると、朝は4時頃に起きなければいけません。必然的に夜寝る時間も早くなります。睡眠時間も確保できて、規則正しい生活を送ることができるので、朝に練習することは多くのメリットがあります。

部員の中には、朝練習をして、その後夜までみっちり授業を受ける選手もいます。スポーツ推薦で入学した学生は、勉強が得意ではないことがありますが、それでも厳しく言い続けます。

それは勉強で良い成績を取ることが目的ではなく、勉強にもサッカーにも向き合うことで、時間の使い方を工夫したり、効率の良い勉強の仕方を模索したりと、試行錯誤することが考える力につながり、本人の成長になると思っているからです。

そのベースがあった上で、サッカーでもトップチームを目指す、日本一を目指す。それが明治大学サッカー部としてのあり方です。

練習は早朝から行いますが、トレーニングの強度はとても高いです。

明治大学には、部の伝統でもある三原則「球際、切り替え、運動量」があります。「強い個人が絡み合って、クリエイティブなサッカーをする」という考え方のもと、八幡山のグラウンドでは、朝から激しいプレーが繰り広げられています。

なかでも水曜日の練習はハードです。２０２０年度の卒業生でコンサドーレ札幌に進んだ小柏剛は、高校時代に練習参加をして、「これぐらいやらないとだめなんだ」と衝撃を受けたそうです。

具体的にどのようなことをするかというと、基本は対人の練習です。1対1、2対2、3対3など、広範囲でプレーしながら、スプリント、球際、攻守の切り替え、ゴールを目指すといった複数の要素を求めます。それをわずかなインターバルで行うので、かなりの強度になります。

水曜日の練習前、選手たちはグラウンドでボール回しなどをせず、開始直前まで体力を温存しています。それぐらいハードなトレーニングです。

水曜日の練習がきついのは「選手を鍛える」という概念から来ています。週末のリーグ戦で勝つこともちろん大事なのですが、「4年間を通じて鍛え続けていく」という考え方に基づいてそうしています。

明治のベースとなる三原則

明治のサッカーには「三原則（球際、切り替え、運動量）」がベースにあります。それは前任の神川明彦さんが作ったもので、選手たちに脈々と受け継がれています。

私は三原則をベースに、ハイプレス、ショートカウンターというコンセプトのもと、選手たちがハードワークし、攻守に強度の高いサッカーを目指しています。

我々には立ち戻れる場所があるので、試合中、リズムが悪くなったときに「三原則」と言うと、みんなそこを再確認します。それでもうまくいかなければ、翌日以降、対人プレーを中心とした、三原則にこだわった練習をひたすらします。そのようにして、チームのスタイルを確固たるものにしています。

練習の時から強度とスピードを求めると、攻撃のクオリティも高まります。具体的には、見るスピードや判断スピード、それに伴う技術、クイックネス、アジリティが高まります。

守備の強度が低い中でトレーニングをしても、実際の試合で使えるものにはなりません。サッカーは強度の高い中でどれだけ素早く、正確にプレーできるかが重要なスポーツです。我々はボール扱いの上手い曲芸師を育成しているわけではなく、世界で通用するサッカー選手の育成をしています。攻守にスピードがあり、高い強度の中でミスなくプレーできる選手が本物だと思っています。

よく「世界との差」という言葉を聞きますが、そこにはフィジカルとスピードの要素が含まれているように思います。言い換えると、そこから目を背けていては、いつまで経っても世界に追いつくことはできないのではないでしょうか。

私は「世界と同じ土俵で勝負をした時に、目の前にいる選手たちはどうなるんだろうか」とイメージしながら、明治のサッカーを作り上げています。

世界のトップ選手は技術が高く、スピードがあり、フィジカルも強いです。例えば明治の選手が、明日ブンデスリーガやリーガ・エスパニョーラ、セリエAに移籍して行った時に、どれだけ同じ目線で、同じ強度でやれるかを大事にしています。

大学は最後の育成期間だと思っているので、ハードワークをベースにインテンシティが高く、心も体も徹底的に鍛えることができるトレーニング、サッカースタイルに挑んでいます。

ミーティングはチームの生命線

サッカーのことだけではなく、広い視野を持って、様々な考え方に触れることは、成長の上でとても大切なことです。

明治大学サッカー部の伝統に「週に1回のミーティング」があります。私が2015年に監督に就任したときに、神川さんから「これが明治の強さの一つでもあるから、ぜひ引き継いでほしい」と言われたのが、週に1回の全体ミーティングでした。

このミーティングは、監督の考えを選手に伝える場です。私は神川さんと3年間ともに活動をさせてもらい、コーチ、助監督、監督を経験しました。その中で全体ミーティングの必要性や素晴らしさを知っていたので、引き継いでこだわってやっています。

ミーティングは週に1回、夜1時間程度行います。場所は八幡山にある選手寮です。ミーティングでは、その時に私が話したいことを伝えています。サッカーの話はほとんどしません。サラリーマン経験の中で感じたことを話したり、新聞で読んで気になったこと、経済について、人としての在り方、良い組織と悪い組織の違い、学生が社会に出た時に、どのような人生観を持つかなど、テーマは多岐にわたります。就職活動をしている学生に、近況を報告してもらうこともあります。

卒業生は「あんなミーティングをしているのは明治だけですよ」と言います。私はそれを褒め言葉として受け取っています。

私が働いている建設会社は、ものづくりの会社です。品質や技術にこだわり、お客さんとの信頼関係を大切にしています。建設業は無形から有形のものを作ることが仕事で、ものを売っているわけではありません。人と技術が資産なので、育てるための知識とノウハウは十分にあります。私自身そこで学んだものを、明治の学生用にアレンジして、彼らに伝えています。

外部の人を呼び、ミーティングで話をしていただくこともあります。世界で活躍しているビジネスマンの方など、様々な分野の方に来ていただき、多様な価値観、考え方に触れることのできる、刺激を与える場にしたいと思っています。

あるときは、海外でインフラ事業をしている人を呼んで、話をしてもらったり、日経新聞の記者を招いて、日経新聞の読み方をレクチャーしてもらったこともありました。

世界で活躍しているサッカー選手に来てもらったこともあります。ロシアワールドカップの直後には、長友佑都と吉田麻也選手（イタリア／サンプドリア）、武藤嘉紀選手（スペイン／SDエイバル）が来てくれました。ベルギー戦の激闘の残像が残っている時期に来てくれたので、学生にとっては素晴らしい刺激になったのではないかと思っています。

明治大学サッカー部には「明治発、世界へ」というキーワードがあります。

社会的な意義を感じながら、世界のあらゆる場所で仕事をしている方が、それぞれの経験を話す姿を見て、学生たちは何かを感じ取ることがあるはず。そう思って、様々なゲストを招いています。

組織の中で力を発揮できる人になる

明治大学サッカー部のモットーは「強い個人を作る」です。

しかし一歩間違えると、我の強い人や自分勝手になってしまうことがあります。そうではなく、「組織や社会の中で、自分の力を発揮できるようになること」を見据え、そのために自分を知ることを追求しています。

自分の個性を理解し、「組織に対して、どのような貢献ができるか？」を考えて、行動できる人。それが本当の意味での強い個人だと思います。それはサッカーでも、学校生活でも、社会に出てからも同じです。その人が持つ個性を活かして、社会に貢献していくことが大切だと思うのです。

年令を重ねると「あの人、丸くなったね」と言われることがあります。丸くなるのは悪いことではなくて、どう丸くなるかが大事で、多くの人が個性のトゲがなくなり、小さくまとまってしまうことが多いです。

自分の個性と社会に求められることが合致し、素直に自分を表現できるのが、ストレスもなく一番良い状態です。そこのピントがずれると違う自分になってしまうので、本質が大事だよという話は、学生たちによくしています。

監督主体でチームを運営しているのが高校サッカーだとしたら、大学は自立の要素が強くなります。いかにして、自分から取り組む環境を作ることができるか。自分を知り、変革を促すことができるか。日々その繰り返しなので、成長曲線の描き方も人によって違います。自問自答を繰り返して成長していくので、監督である私が選手たちに手取り足取り、教えることはありません。一般の会社と同じような形で、選手と接しています。

そうすると、選手は日々のちょっとしたことでも気を抜けなくなります。たとえば、なにか報告があったとして、報告の仕方が悪いと突き返すこともあります。もちろん社会人と同じではなく、学生のレベルに合わせてはいますが、彼らからするとすごく高いレベルです。その積み重ねが、社会に出た時にきっと役に立つと思っているのでそうしています。

選手には、自分の立ち位置、置かれている状況、相手は何を求めているのかなどを考えて、言われたことしかやるのではなく、プラスアルファを作り出すことを求めています。それはサッカーも同じことです。常に考えなければいけない状況に置かれることで、考える力が育まれていきます。

対話型のチーム作り

監督2年目の2016年に、選手たちが自主的に学生ミーティングのあり方を見直し、対話を重視したものに変えていきました。下級生からも意見を出しやすい雰囲気を作り、より深いコミュニケーションを構築していくことにチャレンジしたのです。

体育会系の悪しき習慣として、上意下達があります。監督の言うことは絶対。監督の言うとおりにしないと怒られる。そういった考えで、良い人間、選手が育つのでしょうか？

サッカーはクリエイティブなスポーツで、自分で考える力が求められます。それはピッチ外でも同様です。過去にとらわれることなく、変えたほうが良いところがあれば変えていく。そうして組織を進化させるべきだと思っています。

下級生が前日の夜遅くまで準備や片づけをして、寝不足で朝グラウンドに来るのは、サッカーの上達から見ると、本質から外れています。それならば、夜は早く寝られる環境を作るべきだし、ルールややり方を変えればいい。

我々、大人が「こうしなさい」と言ってやらせるのは簡単です。しかし、それではなんの成長もありません。学生たちが自発的に取り組むことが大切で、我々にできるのはアドバイスをしたり、考え方を教えることです。それを実行するのは彼らなのです。

その考えをもとに接しているので、入学したばかりの新入生はたいてい面食らいます。たとえば何か報告があって、私のところに来ると「それで？」「君はどうしたいの？」といった形で進めていきます。常に自分の考えはどうなんだと聞くので、最初は戸惑っていた選手たちも次第に「自分はこう思います」「だからこうします」といった言葉が出てくるようになります。心を込めて、自分の言葉で話すようになるので「わかった。そうしよう」と言って話は終わるといった形です。

最近はメールやＬＩＮＥなどですぐに連絡がとれる、手軽な世の中になっていますが、「心を込める」ことは、どんな状況でも必要なことだと思います。

握手を大切にする

サッカー界の慣例になっている『握手』もそうです。私は選手たちに、握手の仕方で怒ることがあります。握手の仕方がよくなくて、セカンドチームに落とされた選手もいます。

私が会社で営業の仕事をしている時、80才のたたき上げのオーナー会長に怒鳴られたことがありました。２年間毎週のように打ち合わせして、仕事を発注していただき、最後にその会長に「宜しく頼む」と言われました。そこで私は「会長、ありがとうございます」と握手

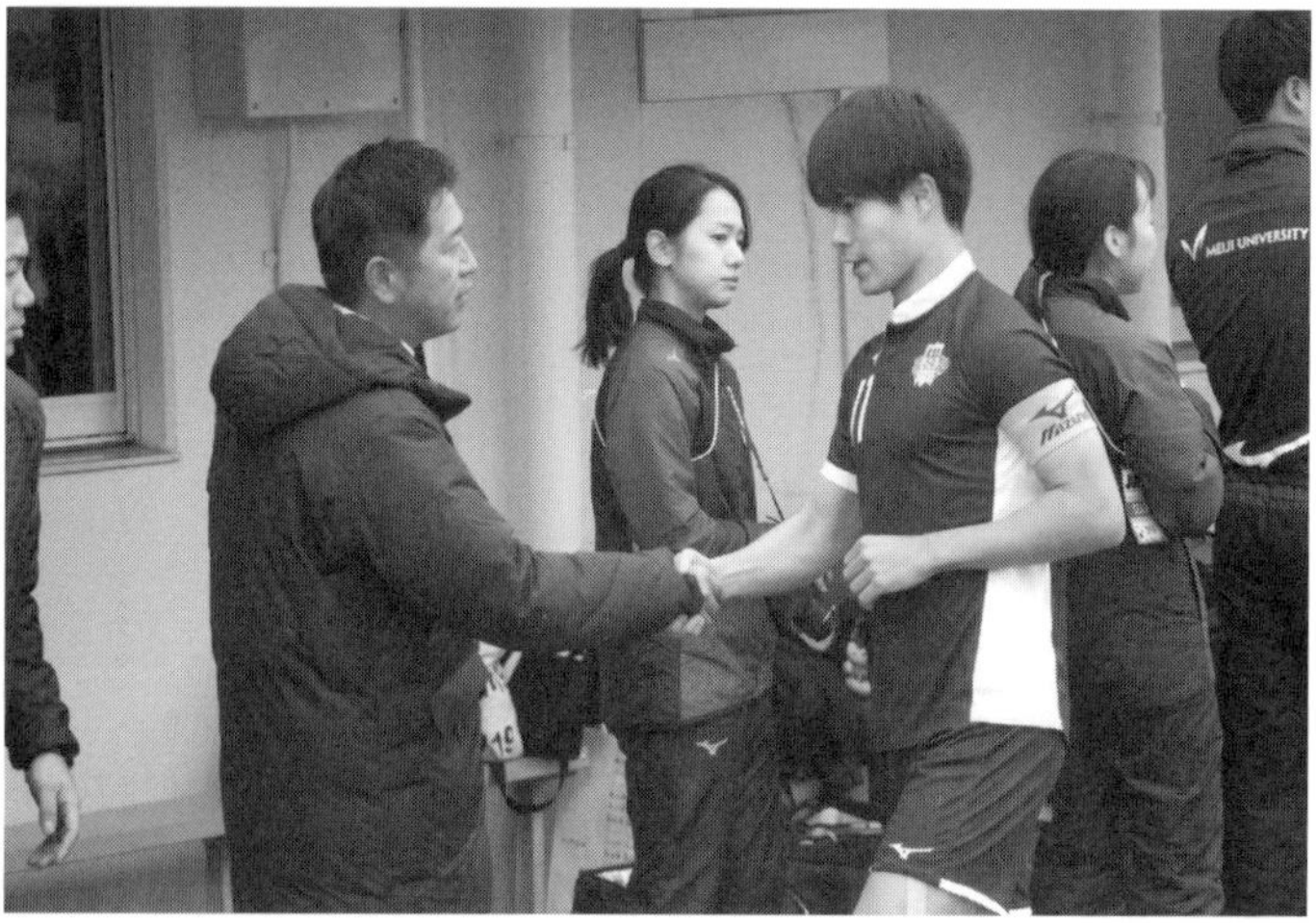

気持ちが相手に伝わるような握手を心がける

をしました。そうしたら「ふざけんなお前！」と、ものすごい剣幕で怒られました。「お前の握手には心がこもってない」と。「俺が50年間、魂かけてやってきた工場をお前に預けるんだ。それなのに、その握手はなんだ！」と怒鳴られました。

私は「ありがとうございます」という気持ちを込めて手を差し出したのですが、どこかビジネス的に握手していたのです。このことがあってから、握手で気持ちを伝えることを、より一層心がけるようになりました。

試合前の握手も同じで、形式的にするのなら、やる意味がないと思っています。私の試合前の握手は「今日の試合、頼むぞ」と魂を込めて、選手を送り出す意味があります。相手の目を見て力強く握るのですが、中には軽く流す選手もいます。

アミノバイタルカップで負けた試合の後に、握手の仕方が悪く、私にカミナリを落とされた選手がいました。彼はその出来事で奮起したのか、セカンドチームで目覚ましい活躍を見せてトップチームに返り咲き、続く総理大臣杯で大活躍しました。卒業後、サガン鳥栖に進んだ森下龍矢（現・名古屋グランパス）です。

年末に行われるインカレの決勝は、その年の総決算なので、私も選手も握手の力がとても強くなります。手は痛いけど、気持ちがいいです。心がこもっていますから。

Tゾーンを攻略せよ

明治のスタイルは三原則をベースに「良い守備から、良い攻撃へ」というコンセプトがあります。それを踏まえて私は、よりダイレクトにゴールに向かう、攻撃的な守備を目指しています。

何のために守備をするのか。それはボールを奪って攻撃するためです。

相手ボールのときは素早くアプローチし、コンパクトな陣形を保ちます。相手に判断する時間を与えず、仕方なくボールを蹴り出す状態を作り出したいのです。

もしくは相手がボールを持ち直した瞬間に、プレスをかけて奪いたい。アリやミツバチは獲物があると、みんなで一気に襲いかかります。それと同じように、集団で狙いをつけるイメージで守備をします。

奪ったボールを素早く攻撃につなげるのですが、アタッキングサード（相手ゴール前）では、「Tゾーン」を攻略することを掲げています。

「Tゾーン」は明治独自の言葉で、ゴールラインとペナルティエリア、ゴールエリアを結ぶとTの形になりますよね。そこをどれだけ突くことができるか。練習や試合では「Tゾーンを取れ」と口癖のように言っています。

Tゾーン攻略が、なぜ重要なのか。それは、このスペースに攻撃側の選手が入ってプレーすると、守備側の選手は対応しづらいからです。

守備側の視点で考えると、前（相手ゴール方向）を向いた状態でポジションをとっている場合、ボールと相手を同一視野に入れることができるので、それほど困らずに守備をすることができます。

しかし、横向きや後ろ向き（自陣ゴールに向いた状態）では、ボールとマークする相手を一度に見ることが難しくなります。その状況でセンターバックが前に釣り出されると、守備のバランスが崩れます。ゴール前にスペースができたり、フリーの選手が生まれることになります。さらには、ゴールキーパーも左右に振られやすくなります。

攻撃側としては、相手選手（守備側）を左右に引き出して、ゴール前にスペースを作ることが重要なので、そのためにTゾーンを使って攻め込んで行くのです。

ひとつのプレーにこだわりを持つ

近頃の選手を見ていると、ひとつのプレーに対するこだわりと言うか、自分自身で編み出していくプレーが少ないので、もっと追求してほしいと思うことがあります。

もちろん、教えられることはあるのですが、フェイントひとつにしても目で見て盗んだり、想像して試してみたり、クロスもインスイングでひっかけて蹴るキックばかりではなく、インステップで横から入れてみたり、相手がスライディングしてくる角度まで計算して、ぎりぎりの場所でクロスを上げるといったような、探求心を持ってほしいと思います。

さらに言うと、「このプレーだけは負けない」というこだわりを感じさせてほしいです。プロになるには武器が必要です。それが1つでも2つでも、多ければ多いほどいいわけです。

大事なのは、その武器で試合を決定づけることができるかどうかです。「あの選手はチームを勝たせる選手だよね」というのと「うまいんだけどね」では、全然違う評価になります。

安部柊斗（FC東京）や柴戸海（浦和レッズ）は、相手がボールを持っている時に素早くアプローチをかけて、奪うことができます。それは勝利に貢献する、チームを勝たせるプレーです。そして、ボールを刈り取るだけではなく、攻撃に参加して、ゴール前へと入っていきます。

中盤の選手は、攻守に渡ってボールに関わり続けることが大切で、技術的に高いだけ、ゲームを作ることができるだけ、ボールを刈り取るだけではなく、総合的な能力が求められる時代です。そういう選手像を作っていかなければいけないと思っています。

サイドバックは守備の1対1に強いのは当たり前で、ウイングのような攻撃力も求めています。そのためには走力も必要です。攻撃力、守備力、走力が高いレベルで備わっている選手が、世界でプレーできる選手です。それは長友佑都や室屋成（ドイツ／ハノーファー96）が証明しています。彼らの後輩である中村帆高（FC東京）、岩武克弥（横浜FC）、森下龍矢（名古屋グランパス）はそのレベルにあると思います。

明治には、「このプレーができれば試合に出られて、プロになれる」という基準があります。それに加えて、見ている人を惹きつけるような、おおっと思わせるような選手になってほしい。そう思って、日々指導しています。

第2章

6年間でタイトル10個、プロ50人以上輩出

優勝10回、プロを50人以上輩出

私は２０１５年に明治大学サッカー部の監督に就任しました。２０２０年までの6年間で優勝は10回です。関東大学サッカーリーグ優勝３回（２０１６年、２０１９年、２０２０年）、総理大臣杯優勝3回（２０１６年、２０１８年、２０１９年）、準優勝が2回（２０１５年、２０１７年）。総理大臣杯は私が監督に就任してから、５年連続で決勝に進出しています。これは新記録です。

関東大学サッカーリーグでは、２０１６年に史上最速優勝という記録を作り、２０１９年は最多勝ち点の記録を作りました。全日本大学サッカー選手権（インカレ）は優勝１回（２０１９年）、アミノバイタルカップは優勝2回（２０１５年、２０１９年）しています。

プロになった選手は、２０２０年の12人の選手を入れると50人以上います。それぞれの選手にドラマがあって、思い出があります。

プロ選手はたくさん出ていますが、明治大学サッカー部はプロ養成所ではありません。そこは声を大にして言いたいです。社会に出るための準備をするのが大学で、社会に出て活躍することのできる人の養成を、第一に掲げています。

そのためサッカー部の選手は、できる限り就職活動をしてほしいと思っています。ユニバーシアード代表に選ばれた選手の中には、海外遠征先でエントリーシートを書いたり、面接の練習をしている学生もいます。

就職活動をすることで深く自分と向き合い、社会と自分の関係性など、多くの学びや気づきを得ることができますし、サッカーでの実績はあっても、社会人として見た時に、自分はどうだろうかなど、あらゆる視点で自分を見つめ直す機会にもなります。

選手たちにいつも言っているのは、「サッカー選手も社会の一員である」ということです。そしてプロになる、ならないに関わらず、自分で自分の人生を切り開ける人間になってほしい。そう思って接しています。

大学サッカーに関わるきっかけ

私は静岡県の清水市で生まれ育ち、清水東高校から明治大学に進学しました。卒業後、大手建設会社で会社員をしながら、東京都社会人リーグに所属していた『駿台クラブ』で、明治大学のOBと一緒にサッカーをしていました。

30歳を過ぎる頃までプレーを続け、会社員をするかたわら、2005年にジュニア、ジュニアユースのクラブ『FCパルピターレ』を立ち上げました。

パルピターレで指導をする中で、大学サッカーにも関わるようになり、最初は明治学院大学サッカー部の手伝いをしていました。

その過程で、明治学院大学が東京都1部リーグで優勝し、関東リーグの参入戦に出場しました。そこで負けてしまったのですが、シーズンが終わった後に「みんな一生懸命、大学サッカーに取り組んでいるんだな」と改めて感じたのです。

Jリーグ開幕以降、大学サッカーの環境も整備され、学生たちも真剣に取り組んでいました。そこに関わらせてもらう中で「大学サッカーっていいな」という気持ちが芽生えてきたのです。

でも、自分の出身大学は明治で、明治学院大学ではありません。そんな折、明治大学総監督（当時）の井澤千秋さんと、監督を務めていた神川明彦さんにお会いする機会がありました。

お二人と話をする中で、井澤さんが「明治大学サッカー部は、プロ養成所じゃないんだ。うちは良い人間を作ることを第一に掲げている。その考えをベースに、神川が強いチームを作ってきたんだ」とおっしゃいました。

その話を聞いて感銘を受けるとともに、私は明治出身でサッカー指導の経験があり、クラブを立ち上げた経験や会社員としての経験を持っていました。さらには駿台クラブを通じて、

ＯＢとの関わりもありました。

私がこれまで培ってきたことと、明治が求めていることが合致するのではないかと思ったので、「自分に何かできることがあれば、お手伝いさせてもらえませんか」と申し出たところ、井澤さんから「わかった。お前はサラリーマンをしているんだから、無理のない範囲でチームをサポートしてくれ」と言われて、明治大学サッカー部に関わることになりました。これが２０１３年のことです。

当時は井澤総監督、神川監督体制でした。神川さんは明治ＯＢですが、コーチの中に明治ＯＢはいませんでした。井澤さんは「ＯＢの世代がつながっていくのが大事なんだ」という考えをお持ちでしたので、私に「ＯＢという立場で、選手と監督の中和剤になってほしい」と言いました。

しかし自分の性格上、たまにグラウンドに行ってあれこれ言うのは嫌でした。日本のトップを走るチームを神川さんが作られていて、せっかくそこに携わることができるのだから、本気で取り組みたい。後輩たちに、少しでも多くのことを伝えたいという気持ちが芽生えました。

いまの大学生は、本気でサッカーに取り組んでいます。明治に来てプロを目指し、競争の中でもがきながら成長し、次のステージに進んで行きます。

強い想いを持って取り組んでいる彼らに対して、我々大人が片手間で対応しているようでは、選手に対して失礼です。私は自分が持っているものを全部出して、ぶつかっていこうと思いました。

井澤さんからは「ＯＢとして潤滑油になるだけでなく、社会人として培ったこと、クラブチームをゼロから立ち上げ、作ってきた経験や組織論も含めて、色々伝えてやってほしい」と言われました。

そして２０１３年にコーチという肩書きで携わることになったのですが、その年の年末に、翌年から神川さんがユニバーシアード日本代表の監督になることが決まったのです。

そこで井澤さん、神川さんと私とで、次年度のスタッフ体制について話し合いをしました。ユニバーシアードは大学生の日本代表です。日の丸を背負い、世界と戦います。神川さんの性格上、明治大学とユニバーシアードの二つに取り組むよりも、ひとつに情熱を注いだ方がいいということで、ユニバーシアードに専念することが決まりました。

そして井澤さんから「栗田は助監督として、部の運営をやれ」と突然言われました。これには驚きました。歴史と伝統のある明治大学サッカー部です。ＯＢとはいえ、たった1年コーチをしただけの人間が、実質監督になるわけですから。

まず「学生は不安に思うだろう」という考えが頭をよぎりました。この体制を受け入れてくれるのかと。一方で、ありがたい話ですし、1年間自分の活動を見た中で、信頼して指名していただいたので、これはやるしかないと決断しました。

2014年の1月に「4年生を送る会」が開かれました。小川大貴（ジュビロ磐田）や矢田旭（ジェフユナイテッド市原・千葉）たちが卒業していくときです。

そこで井澤さんが「来年から、栗田コーチが助監督になります。現場はすべて、栗田助監督が指揮します。神川監督はユニバーシアード代表に専念します」と発表したので、選手たちは大いに戸惑ったと思います。

その代は三浦龍輝（ジュビロ磐田）がキャプテンをやっていたのですが、本当に頑張ってくれました。当時は4年生が20人近くいましたが、彼らはみな不安だったと思います。よくついてきてくれたと、頭が下がります。

神川さんから私に体制が変わって1年目だったので、不安も葛藤もあったと思いますが、学生達は「俺らがしっかりしないと、明治は駄目になる」という気持ちになったのかもしれません。

いまでも覚えていますが、井澤総監督は「すべての権限は栗田にある」とおっしゃいました。「監督の最大の権限は、先発メンバーの選定と交代メンバーの決定だ」と言うわけです。同時に「勝ち負けは考えず、お前の好きなようにやれ」と言ってくださいました。

救われたのが「2部に落ちてもいい。明治らしくやってくれればいい」という言葉です。「明治はプロの養成所ではない。学生たちが生き生きとサッカーをして、明治が大事にしているポリシーをしっかり守ってくれればいい。結果は気にするな」と言っていただいたことで、よし頑張ろうという気持ちが湧いてきました。

そして助監督という肩書ながら、実質的に監督となるシーズンが始まりました。最初はなかなか勝てませんでした。そうすると井澤さんが来て「うちの選手、もっとできると思うんだよな」「今日の試合は面白くねえな」などと言って、悲しそうな顔をされるんです。私にはそれが一番のプレッシャーでした。

いまとなっては笑い話ですが、井澤さんには見守っていただきながら、多くのことを経験させてもらいました。本当に感謝しています。

助監督を経て、監督に就任

助監督（実質監督）の1年目に東京都サッカートーナメントで町田ゼルビア、横河武蔵野FCに勝って優勝し、天皇杯に出場することができました。このタイトルは大きかったです。チームを率いて、最初の大会でしたから。

リーグ戦は前期はうまくいかず、勝ち負けを繰り返していたのですが、後期に入ってスイッチが入ったと言いますか、9勝2分け、負け無しでした。

当時は専修大学の黄金時代で、仲川輝人（横浜F・マリノス）を始め、プロに進む選手が何人もいました。その専修大学を追い上げて、勝ち点47で並び、得失点差で2位になることができたのです。

神川さんの時代から「後期の明治」という言葉があり、後期になると成績がグッと上がるのが明治の伝統でした。私が指揮を執っても、同じように勝ちを重ねることができたのは、チームにとって大きな出来事だったように思います。

周りの大学さんは、きっとこう考えていたと思います。「明治戦はチャンスだぞ。監督が代わって、こういう時にガタっと落ちるぞ」と。でもリーグ戦は2位。東京都サッカートーナメントで優勝し、天皇杯に出てJクラブと戦うこともできました。

12月の終わりに井澤総監督との会合の中で「今年はうまくいったな」と評価してもらいました。「リーグ戦は2位。天皇杯にも出た。総理大臣杯には出られず、インカレも負けてしまったけど、全体として見るとすごくうまくいったな」と。そして「来年からは栗田に監督をしてほしい」と言われました。

そして神川さんが総監督になり、ユニバーシアード代表に専念することになりました。1

年目にコーチ、2年目に助監督（実質監督）、3年目に監督と、わずか3年で歴史と伝統のある明治大学サッカー部の監督になったわけです。監督を引き受けるのはすごく大きな決断で、身が引き締まる思いでした。

仕事とサッカーの両立に全力を尽くす

明治大学サッカー部の監督になりましたが、会社員としての生活は変わらずありました。幸いなことに、明治は朝練でしたので、6時に八幡山のグラウンドに行って、8時過ぎに練習が終わります。仕事との両立は可能です。

そもそも明治のスタッフになるときに、上司に相談して、「ありがたい話をいただいたので、仕事と両立して頑張りたい」と話はしていました。会社としても、課外活動としてボランティアでやるには問題ないので「頑張れよ」と言っていただきました。

とはいえ自分としては、明治の監督をすることで会社に迷惑をかけたくなかったので、仕事も全力でやり、監督も全力でやろうと決めました。監督になったからといって、仕事がおろそかになっては本末転倒です。「仕事をちゃんとやらずに、サッカーばかりやっている」と思われるのは絶対に嫌だったので、周りが何も言えないぐらい、仕事もきちっとやろうというこだわりは持っていました。

選手にもサッカーのことだけでなく、社会人として感じたこと、培った経験を伝えたいと思っていました。監督である私が仕事とサッカーの両方を全力でやっている姿を見せることで、何か感じるものがあるはず。サッカーだけをしている監督よりも、物事を伝えたときの響き方が違うのではないかと思いました。

話をするときもサッカーの視点だけでなく、社会の中でのサッカーといったように、社会性の面からも伝えるようにしています。わかりやすくいうと「サッカーは社会の中にあるものなのだから、サッカーが上手いだけではだめだよね」ということです。

明治大学が関東大学サッカーリーグで2連覇したことや全国大会で優勝したことを、道を歩いている人のほとんどが知らないでしょう。我々がやっていることは素晴らしく、価値があるものだけれども、それが世の中に認知されているとは限らない。だから謙虚にやろう。勘違いしてはいけないよという話は常にしています。

そして、自分たちの取り組みを地道に発信することによって、「明治のサッカー部はいいよね」「明治のサッカー部だから獲得したい」と言われるようになること。就職活動でも、「明治のサッカー部は採用したい」「明治のサッカー部は日本一だよね」と言われるように、サッカーも人間性も一流を目指す。人としての立ち振る舞いや、取り組む内容にこだわることは、毎年変わらない目標です。

会社員経験を指導に活かす

会社員として営業や役員の秘書をした経験は、チームをマネジメントする上で、ものすごく役に立ちました。たとえば決断力や仕事のスピード、バランス感覚など、学ぶべき部分がたくさんありました。

私が務めている会社には、社員が約1万人ほどいます。それ以外にも、関連事業で成り立っている会社が何百とあり、携わっている人は何十万といます。

年間売上高が約1兆3000億円の会社です。それを束ねるトップの言動は、関わる人すべての生活に影響があります。

その場で素早く判断し、決断して指示を出さなければ、会社は前に進んでいきません。その場で決断せず、保留ばかりしていると何も進まないので、決断力、判断力はすごく大事だと改めて感じました。それに加えて、全体を俯瞰する力や勝負どころの見極め方、行動力、体力、活力なども重要です。

経営層のやりとりや関係性を間近で見ていたので、私が実質監督として現場で指導をして、結果が出たとしても「監督は神川さんです」と言い続けていました。神川さんも試合会場にいらしていましたし、一緒に行動もしていました。井澤さんから「すべての権限は栗田にある」と言われていたので、口出ししたいこともあったかと思いますが、我慢してくれていました。

後に自分が監督になってわかったことですが、チームを率いているのは誰であれ、責任は監督に行きます。私が現場で指導をしていましたが、役職は私が助監督、神川さんが監督なので、結果責任は神川さんに行きます。

神川さんが作ってきたものを壊してはいけないし、井澤さんが私を信じて体制を組んでくれたので、しっかりと継承していかなければいけない。そう強く思いながら、指導に携わっていました。

2015年、監督に就任する

監督就任1年目、2015年の4年生はタレントが揃った世代と言われていました。後に9名がプロになる学年です。和泉竜司（鹿島アントラーズ）、山越康平（大宮アルディージャ）、高橋諒（湘南ベルマーレ）、藤本佳希（愛媛FC）、差波《さしなみ》優人（ラインメール青森）、小谷光

監督就任1年目の4年生は後に9名がプロになった

毅（品川CC横浜）、瀬川祐輔などがいました。一学年下に室屋成、小出悠太（大分トリニータ）、河面旺成《かわづらあきなり》（大宮アルディージャ）、丹羽詩温（ツエーゲン金沢）がいて、周りからは優勝候補筆頭という目で見られていました。

大きな注目を集める中で、彼らの個性を伸ばして、明治らしく勝つ。それが2015年のテーマでした。結果は関東大学サッカーリーグは2位、総理大臣杯2位、インカレ3位、アミノバイタルカップ優勝でした。

なかでも記憶に新しいのが、総理大臣杯です。というのも2013年、私がコーチ1年目、神川さんが監督の時に、創部初めて、総理大臣杯の決勝に進むことができました。決勝の相手は流通経済大学です。一時は2対0で勝っていたのに、3対2で逆転負けをくらいました。

そして私が監督になって迎えた、2015年の総理大臣杯。準決勝の相手は、またも流通経済大学です。「流経だけには負けたくない」。2013年の逆転負けの悔しさを胸に臨み、PK戦の末に勝利しました。

明治が先制し、後半ラストプレーでコーナーキックから同点に追いつかれ、PK戦に突入するという死闘でした。PK戦に入る前、選手たちが「大丈夫だ。もう1回立て直して、PKで勝つぞ」と言って勝ちました。

そして迎えた決勝戦。明治大学サッカー部、私としても2度目の総理大臣杯決勝です。相手は関西学院大学。卒業後、ガンバ大阪に進む呉屋大翔や髙尾瑠などがいる強敵でした。総理大臣杯は大阪で行われるので、ホテルに10日以上カンヅメになります。明治史上初のタイトルがかかっていたこともあり、大会期間中は気合が入りまくっていました。毎日、夜中の3時、4時に目が覚めるんです。「勝ちたい病」にかかっているので、寝ていてもパッと目が覚めてしまいます。試合は夕方6時なのに……。眠れないので、対戦相手の映像や自分たちの映像を見て、メンバーを考えたり、どうすれば勝てるのかとシミュレーションをしていました。そのような生活を1回戦から決勝まで10日間続けながらも、決勝戦まで進むことできたのですが、関西学院大学に0対2で敗戦。

試合の内容的には一進一退でしたが、相手選手が蹴ったクロスが室屋の足に当たって、ゴールキーパーの頭上を越え、偶然のような失点で先制されてしまいました。2失点目は相手のゴールキックを競り合った際、こぼれたボールを振り向きざまにミドルシュートを決められました。結果、またも総理大臣杯はおあずけになってしまいました。

この年のリーグ戦は前期は苦労しましたが、後期に巻き返して、優勝した早稲田に次ぐ2位でした。インカレはまた準決勝で関西学院大学に負けました。この試合が室屋のラストゲームでした。在学中にFC東京に行かせることを決めていたので、優勝して送り出してあげた

サッカー部を退部し、FC東京へ加入した室屋成。
全国大会のタイトルを獲って送り出してあげたかったが…

かったです。

振り返ると、2015年は関西学院大学に総理大臣杯とインカレのタイトルを持っていかれました。悔しかったですね。タレントが揃っていた和泉たちの学年に、全国大会のタイトルを獲らせてあげたかったです。自分としても監督1年目で、タイトルが欲しかった。勝ちたくてもがいていました。

監督就任とともに組織を改革

神川さんはコーチ時代を含めると、明治大学サッカー部に20年ほど関わっておられた功労者です。チームのベースとなる三原則や熱いイメージを作り上げた方でもあります。

そんな神川さんが、2016年にグルージャ盛岡の監督に就任されました。

時を同じくして、私は組織を改革することにしました。まず考えたのが「コーチングスタッフ、メディカルスタッフ、トレーナーが、三位一体になる組織を作りたい」ということでした。そこでまず、ドクターとして大森赤十字病院の整形外科部長・大日方嘉行先生とトレーナーを新たに招聘しました。

チームに怪我人が出たときに、選手、トレーナーの判断だけでなく、ドクターも加わり、より良い状態に持っていくようにしたかったのです。スタッフ全体で情報を共有できる体制を作ることで、怪我からの復帰がスムーズになりました。

私が監督になるまでは、フィジカルコーチがいませんでした。私は、明治の三原則（球際、切り替え、運動量）をベースとした「強くて上手いサッカー」「強い個が絡み合う、クリエイティブなサッカー」をするためにも、フィジカルコーチが必要だと思い、鬼木祐介に加わってもらいました。

海外サッカーを熱心に研究し、野心がある彼ならば、「明治発、世界へ」をキーワードに、明治のサッカーを進化させてくれるのではないかと思ったのです。

こうして、明治のハイプレス、ショートカウンターを実現するために、フィジカル面を鍛える体制を作りました。

狙いは、プレスのスピードを上げ、攻守に高強度のサッカーをすることです。相手を追い込み、動きを予測しながら、守備がはまったと思った瞬間にアプローチしに行く。そのための効率的な体の動かし方、90分ハードワークをしても疲れない体づくり、脳と体が調和している状態を作ること。最終的な目標は、明治の選手が明日ヨーロッパに行ったとしても、対等に戦うことのできる体作りです。

鬼木フィジカルコーチは明治で活動する中で長友に出会い、スカウトされる形で専属トレーナーになりました。私としても、長友に相談された際に、「これも明治発、世界へ」だと思い、彼を快く送り出しました。

鬼木フィジカルコーチを送り出したのはいいものの、後任が必要です。フィジカルコーチが変わることで、トレーニングやコンディショニングに対する思想が変わると選手も困るので、彼と同じような価値観を持っている人を探しました。

そこで、ドイツのヴェルダー・ブレーメンで活動後、帰国していた鈴木友規を紹介されました。すごく真面目で一生懸命やってくれて、鬼木からの引き継ぎもスムーズに行きました。2021年からは、鈴木の後を坂本哲也が継いでくれています。

リーグ戦最速優勝、総理大臣杯で初優勝

新体制で迎えた2016年は、関東大学サッカーリーグと総理大臣杯で優勝することができました。リーグ戦は、4試合を残して優勝という史上最速優勝。そして総理大臣杯は創部95年で初優勝です。これは本当にうれしかったです。2015年、16年と決勝戦で悔しい思いをしただけに、喜びもひとしおでした。

ちなみに総理大臣杯は2015年の監督就任以降、5年連続で決勝に進むことができまし

た。これは大学サッカー界の新記録だそうです。

総理大臣杯で優勝できた要因のひとつに、私自身の経験があります。コーチ、監督として、過去に3回挑んだ経験が活きました。あの時、こうやったから駄目だった、この部分は学生に任せようといったように、反省を活かすことができました。

ホテルでの過ごし方も、前年とは大きく変わりました。タイムスケジュール、食事のあり方、午前中の過ごし方も含めて見直しました。2016年はトレーナーもフィジカルコーチも加わり、皆でいい議論ができたのも大きかったです。食事の内容やリカバーをどうするかなど、細かく話をしながら、しっかりとマネジメントができました。

私自身も前年のように、夜中に飛び起きることもなくなりました。気負ってもしょうがないことは経験から理解していたので、ホテルでミーティングをして、グラウンドに行ったら自分たちのリズムでウォーミングアップをして、相手のメンバーが出たら確認だけして試合に臨む。過度に気負うことなく、試合に向かうことができました。

シーズンが進むにつれて、メディカル、フィジカルも含めたチーム力がアップしている実感がありました。怪我人が出るとチーム力は落ちます。そのため、ハードな練習をしながら、怪我人を出さないことが重要です。

練習中に「怪我するなよ」と言うと強度は下がりますし、「球際は行かなくていい」とは、

2016年、決勝で順天堂大学を下し、創部95年目にして総理大臣杯初優勝

口が裂けても言えません。その中で、いかに正当かつ基本に忠実なプレーをさせるか。サッカーで大事なのは基本の反復です。そこに強度を出していくのです。

２０１６年は神川さんがグルージャ盛岡に行ったので、他の大学は「明治は弱くなったぞ」と思ったはずです。和泉たちの黄金世代が卒業し、中心選手が抜けて、メンバーもガラッと変わった年でした。室屋もＦＣ東京に行ってしまいましたし。

前の年にレギュラーだったのはセンターバックの小出悠太、ボランチの柴戸海など、わずかでした。４年生は「俺たちの代で落とせないぞ」と危機感を持ったと思います。神川さんがいなくなり、栗田体制になって、キャプテンの服部一輝（福島ユナイテッド）を中心によくやってくれました。

その年は、対話型のチーム作りを彼ら自身でやっていました。そして一戦一戦、必死に戦う中で、気がついたら勝ち点が積み上がっていったシーズンでした。

優勝するときはドラマが起きる

２０１６年の総理大臣杯で、印象に残っている出来事があります。

この時の４年生は、１年生のときの決勝戦で流経大に２対０から３対２に逆転負けを経験しています。２０１６年の決勝戦、相手は順天堂大学。前半は1対0でリードしていました。ハーフタイムに、選手たちがロッカールームに戻って来ます。「行けるぞ！」と活気づく中、副キャプテンの小出悠太がめちゃくちゃ怒りました。怒鳴りまくって、「みんな甘い！」と。「このままじゃ勝てないぞ！　去年の決勝を覚えているだろう！」。ものすごい剣幕でした。監督の私ではなく、悠太がチームを引き締めたのです。

そして後半も相手を無失点に抑え、1対0で勝つことができました。試合が終わった後に「これは悠太で勝った試合だな」と思いました。

２０１３年に流経大に逆転負けした決勝戦に、悠太は1年生で出場していました。その経験があったから、1対0なんてすぐにひっくり返る、最後の笛が鳴るまでわからないという気持ちがあったのだと思います。そこが勝負の際につながったのです。彼は仲間にそういうことが言えるし、最後の所で体を張ることができる選手です。

大会で優勝するときは、何かしらのドラマが起きます。この年の総理大臣杯は2回戦がターニングポイントでした。愛知の東海学園大学にＰＫ戦で勝ったのですが、後半アディショナルタイムに、丹羽詩温のゴールで同点に追いつきました。

丹羽はその日の午前中、就活の最終面接で名古屋に行っていました。試合は大阪のＪ－ＧＲＥＥＮ堺で、15時30分キックオフでした。さすがに午前中、名古屋で面接を受けて、スーツを着て緊張して戻ってきて、スタメンで試合に出すのは酷だなと思ったので、途中出場にしました。それが功を奏しました。

交代選手の活躍は、トーナメントを勝ち抜く上で欠かすことができません。交代選手が躍動するときは、大会期間中の練習の質も高いです。試合に出ていないメンバーが緊張感を持ち、質の高いトレーニングをします。それを見た時に、「この雰囲気なら勝てるだろう」と自信が湧いてきます。

私は大会後、その時に感じたこと、取り組んだことなどを資料に細かくまとめて、後から振り返ることができるようにしています。タイムスケジュールや食事の内容、その時にこだわったことなどを後から振り返ると、参考になります。この積み重ね、準備が勝利につながると信じています。

無冠に終わった2017年

2017年には、神川さんのもとでコーチをしていた三浦佑介に、東京農業大学から監督のオファーが来ました。監督としてのオファーだったので、彼のキャリアを考えて「行って来い」と送り出しました。

三浦は神川さんの右腕だったので、内心は困ったことになったと思いました。彼のような人物はそういません。そこで元々面識があった、同郷の鈴木啓太（元・浦和レッズ）にアドバイザーをお願いしたり、長友のマネージャーで明治OBの近藤慎吾に入ってもらい、なんとかシーズンを乗り切ることができました。

2017年はリーグ戦が4位、総理大臣杯は決勝に進出しましたが、法政大学に敗れて準優勝。上田綺世（鹿島アントラーズ）にゴールを決められました。

インカレの時期にチーム力がグッと上がり、「初戦に勝てば優勝するのでは」という気持ちを抱かせてくれましたが、1回戦シードで迎えた2回戦で関西大学に敗戦。明治と関西大学は定期戦をする仲で、兄弟校のような間柄です。不運も重なって、開始直後に小柏剛の目にボールが当たって交代し、柴戸海は足首を痛めて途中交代しました。関西大学が明治をリスペクトして、良いサッカーを展開した試合でした。

この学年のキャプテンは木戸皓貴（モンテディオ山形）です。彼にしても、すごく難しいシーズンだったと思います。前年にリーグ戦と総理大臣杯で優勝し、チャンピオンとして次の年を迎えるのが、私自身、初めてでした。

当然「去年以上の成績を残さなければいけない」と気負います。結果を出した次の年に成績が落ちやすいのは、過去のチームを見て感じていたことでもあります。どうやって気を引き締めて、モチベーション高くやっていこうかと考えたシーズンでした。

そんな中、4年生はプライドを示してくれたと思います。たとえば山﨑浩介（モンテディオ山形）。彼はなかなかスタメンを奪うことができなかったのですが、練習前の準備、練習後のルーティンなど、毎日同じ作業をブレずにやり続けていました。

そして総理大臣杯で出場機会をつかみ、プレーが評価されて愛媛FCに行きました。努力を続け、いつ出番が来てもいいように準備をしてきたからこそ、チャンスが回ってきた時に、結果を出すことができたのだと思います。彼ら4年生が良い姿勢を示したのが、翌年のチームに財産として残りました。

2度目の総理大臣杯優勝を果たす

2018年のキャプテンは岩武克弥でした。この代は、良く言えば勢いがある。悪く言えば、勢いがある時はいいけど、少し流れが悪くなるとガタっと落ちてしまう。そんなチームでした。キャプテンの岩武と副キャプテンの橋岡和樹（アルビレックス新潟シンガポール）、伊藤克尚（クリアソン新宿）が、チームをまとめようと頑張っていました。

この年は総理大臣杯で2年ぶりに優勝することができました。決勝の相手は大阪体育大学

総理大臣杯は優勝したが、リーグ戦では5位。2018年は悔しいシーズンだった

です。安部柊斗と佐藤凌我（東京ヴェルディ）のゴールで、2対0で勝利しました。

しかし関東大学サッカーリーグは5位。シーズンの終わりに、スタッフに「今年は総理大臣杯は優勝したけど、リーグ戦は5位。自分としては納得いっていないんだよな」と話をしたら、「悪いと言っても5位じゃないですか。12チームあるうちの5位ですし、総理大臣杯では優勝して、インカレも出ました。学生たちは頑張っていましたよ」と言われて、たしかに、それもそうだよなと思いつつ、でももっとできたんじゃないかという気持ちが残ったシーズンでした。

インカレ（全日本大学サッカー選手権）は、毎年12月に行われる全国大会です。年末に行われるので、その年の総決算のような意味合いもあります。2015年以降、リーグ戦、総理大臣杯ともに優勝、準優勝をするようになりましたが、インカレは2015年に3位になったきりで、結果を出すことはできていませんでした。

2018年のシーズンが終わったときに、いくらリーグ戦、総理大臣杯で優勝したとしても、年の瀬に行われるインカレで優勝したチームが、その年のチャンピオンのような雰囲気になるということに気がつきました。

そこで2019年のスタートのときに、「2019年は12月22日のインカレ決勝の日に、チームとしても個人としても最高の状態でいること。それを目標に、年間を通じて毎日進化していこう」という話をしました。

新システムにトライした2019年

2019年のキャプテンは佐藤亮（ギラヴァンツ北九州）。安部柊斗、中村帆高、瀬古樹（横浜FC）、森下龍矢、中村健人（鹿児島ユナイテッド）たちが4年生でした。

この年から、システムを3－2－3－2にしました。これは私の妄想から始まったシステムです。表記上は3－5－2になるのですが、実際は3－2－1－4のような形で、攻撃時は両サイドがウイングのようになり、5人で守って5人で攻めるというサッカーです。最初、選手は面食らったと思いますが、私は「今年はこのサッカーをやったら面白いだろうな」と妄想していました。

私の考え方に、持論、討論、理論、自論というものがあります。形から入ってしまうと、そこに頭が支配されてしまうので、まず自分の妄想から入ってみんなで討論して、セオリーを読み、これは外れていないかと照らし合わせながら、最終的に自論を作っていきます。

シーズン開幕前の2月、小野浩二コーチに「今年は3バックで2ボランチ。トップ下に1人置いて、FWを4人というシステムでやろうと思うんだけど、面白くない？」と言って、練習試合で新システムにトライしました。最初は全然うまくいかなかったのですが、練習試

2019年はキャプテン佐藤亮を中心に新システムにトライし、リーグ戦優勝を果たした

合をすると負けませんでした。なぜかというと、ほとんど失点しないからです。

たとえば4－4－2システムであれば、縦と横のラインを合わせやすく、守備時にバランスをとりやすいメリットがあります。しかし3－2－3－2の場合、ピッチの至る所にスペースが生まれやすいので、守備の流動性が重要になってきます。

選手たちには「今年は守備の流動性がテーマだ」と言いました。常に状況が変わるので、プレーの優先順位も変わります。誰がボールホルダーにアプローチに行くのか。その場その場で判断し、空けたスペースをお互いに補完し合わないと、このサッカーはできません。「ボールの近くにいる選手以外も常に頭を働かせよう。一人でも休む奴がいると、うまくいかなくなる。だからみんなで成長しよう。このサッカーが形になったら面白いぞ」とハッパをかけました。

プレーの流動性とハードワーク。これがこのスタイルのベースです。新システムにチャレンジすることで個人の成長につながりますし、選手たちも次第に「面白い」と言い始め、サッカーの質自体も上がっていきました。

選手の個性を見て、システムを決める

3－2－3－2に行き着いたのは、選手の組み合わせによるところも大きかったです。2018年は4－4－2システムで、センターバックに岩武克弥と上夷《うええびす》克典（大分トリニータ）がいて、右サイドバックが中村帆高、左サイドバックが袴田裕太郎（横浜FC）でした。中村帆高以外が4年生だったので、卒業してしまい、経験の少ない選手たちで最終ラインを構築しなければいけませんでした。

センターバックに小野寺健也、川上優樹という、卒業後にモンテディオ山形、ザスパクサツ群馬に行く2人がいたのですが、彼らは3年時はセカンドチームでプレーしていたので、トップチームでの経験がありません。さらには左サイドバックもいないので、どうしようというのが、3－2－3－2の着想の原点でした。

4－4－2の場合、相手の2トップとこちらのセンターバックが、ゴール前で2対2の状況になりやすいのですが、3バックにすると1人がカバーに入ることができます。さらに、両サイドのウイングバックが戻ることで5バックになり、ゴール前、中央部分が厚くなります。相手が中央に攻め込んできても、ボールが横や外に逃げるので、全員がハードワークすることで、固い守備を構築することができると考えました。

3バック候補は4年生の小野寺と川上に、3年生の佐藤瑶大（ガンバ大阪）と蓮川壮大（FC東京）。さらにサッカーIQの高い常本佳吾（鹿島アントラーズ）がいたので、彼を起用したいという意図もありました。ですが右サイドバックのポジションだと、中村帆高と重なってしまいます。そこで3バックの一角として起用することで、経験の浅い選手のカバー役としても機能してくれるのではと考えました。

サイドバックである中村帆高は攻撃に、森下龍矢は守備に課題を抱えていたので、彼らをウイングで起用することにしました。攻撃で攻めきって、守備に切り替わった瞬間に、自陣に戻ってくるのが仕事です。試合中、何度も上下動するハードワークが求められます。これこそが明治のサイドバックです。最初は戸惑っていましたけど、「私が求めるのはこのプレーだから」と言い続けました。

攻撃陣では、トップ下に適正がある中村健人がいました。トップ下なので、4-4-2のダブルボランチだと、彼を活かすことができません。ボランチの安部柊斗と瀬古樹に中村健人が絡むと、魅力のあるプレーが生まれます。そこで2トップ+トップ下にして、健人を起用しました。そうすることで、試合になると相手のボランチが健人を気にして1人降りてきます。次に、ボランチの安部か瀬古がフリーになるので、相手のFWが中盤に1人降りてカバーすることになり、最終ラインからのビルドアップがしやすくなります。これも利点のひとつです。

そして「カウンター対策」という観点からも、3-2-3-2が有効なことがわかりました。普段の関東リーグとは違って、インカレなどで対戦する地方の大学は、明治をリスペクトして挑んできます。前の年のインカレでは福岡大学にシュートを1、2本しか打たれていないのに、カウンターで負けたことがありました。

明治がボールを支配し、シュートもたくさん打っているのに入らず、カウンターから失点することが多かったので、改善方法を探していました。

これらの理由を組み合わせて考えると、3-2-3-2は面白そうだという結論になりました。攻撃の時は、相手の最終ラインとこちらの前線が4対4になります。数的同数であれば、個人の力で相手をはがせばいい。発想はシンプルです。相手を一人はがせば、数的優位になります。明治のサッカーは「強くて上手い」です。対人にこだわって取り組んでいるので、選手に対して意識付けもしやすかったです。

卒業生がプロになって、八幡山のグラウンドに顔を見せに来ることがあります。私が「プロに行って、これだけは負けないことって何?」と聞くと、ほぼ全員が「対人プレーです」と言います。「1対1では負けません」と。

明治のストロングポイントを活かし、選手を鍛える上でも、3-2-3-2はトライする価値があると考えました。

悲願のインカレ優勝

新しいシステムを導入すると、最初はうまくいきません。でも失点が減ったので、練習試合をすると、1対0、2対0で勝つことが増えてきました。そして、試合で出たエラーやウィークポイントをみんなで議論して、話合って改善するサイクルが生まれ始めました。この時は、選手同士でミーティングをして「栗田さんが求めているプレーはこうだけど、実際にピッチで出た現象はこうだった」という感じで、選手たちがずっと話し合っていました。

そして、私も彼らのミーティングを見ながら「想定していたのとここが違ったな」「やられるポイントはここだな」「相手は対策をとって、このポジションに立ってくるな」といったことがわかってきます。

そうやって積み重ねて、トライアンドエラーを繰り返すことで、少しずつチームとして形になっていきました。その結果、東京都サッカートーナメントで優勝し、天皇杯で川崎フロンターレと試合をすることもできました。その経験は大きかったです。やられるシーンもありましたが、通用するシーンもありました。フロンターレさんの質の高さにも気づかされました。チームとして積み重ねることができて、インカレの最後に一番いいチームになることができたのではないかと思います。

私が明治の監督就任以降、初のインカレ決勝戦。相手は桐蔭横浜大学です。実は、決勝戦の前日まで、３－２－３－２で試合に臨むトレーニングをしていました。試合日の朝も、いままでどおり3バックでメンバー表を書いていました。でも、決勝戦の直前にシステムを4－4－2に変えたのです。

選手はそのパターンもイメージしていたようです。後から聞いたら「決勝は4－4－2でやるんじゃないか」と話し合っていたそうです。「桐蔭横浜大学には、4－4－2の方が合う。栗田さんのことだから、4－4－2でガチンコ勝負するんじゃないか」と。

決勝戦は4－4－2でやりましたが、「攻撃の時は3－2－3－2になるシーンを作り出そう」と言いました。プレーの状況に応じてスライドして、サイドの選手が高い位置を取ればいい。決勝点を取ったのは、左サイドバックの蓮川です。まさに、その年に突き詰めてきたことを表現してくれました。

選手たちには「4－4－2を極めるから、3－2－3－2もできるんだぞ」と言っていました。三原則やコンパクト、スライドが常に生まれるから、3バックでもできるんだと。「新しいシステムに感じるかもしれないけど、4－4－2の変形なんだ」と言い続け、それもあって両方できるようになり、決勝戦で成果を見せることができました。

桐蔭横浜大学との決勝戦は、２０１９シーズンのベストゲームだったと思います。優勝

2019シーズンベストゲームと言える内容で桐蔭横浜大学を下し、悲願のインカレ優勝

した嬉しさもありましたが、見ていて楽しかったですし、選手たちも口々に、「最後に、最高の面白いゲームができた」と言っていました。

結果的に選手はすごく成長して、4年生は卒業後、Jリーグで活躍していますし、3年生で試合に出ていた選手も、翌年ほとんどがプロになりました。

2019年は年の最後にチャンピオンになり、歴代最多勝ち点でリーグ戦優勝を果たし、総理大臣杯、インカレ、アミノバイタルカップ、東京都サッカートーナメントの5冠を達成しました。本当に選手たちがよくやってくれました。

試練の2020年シーズン

2020年は、当初描いていたものとは大きく違ったものとなりました。その要因は新型コロナウイルスです。

例年であれば2月にシーズンが始まり、3月末に東京都サッカートーナメント（天皇杯予選）があり、4月に関東大学サッカーリーグが開幕。そして総理大臣杯を経て、年末の全日本大学サッカー選手権（インカレ）に向けて、右肩上がりに進んで行く。それが通常の流れでした。

しかし2020年は4月、5月は緊急事態宣言下のためにチームとしてトレーニングができず、選手の寮も解散。皆、実家に戻り、6月に再集合して、7月の頭にリーグ戦がスタートしました。そんなイレギュラーな状況下で、リーグ戦は2年連続で優勝することができました。変則的な日程、過密日程の中で力を出し切っての優勝。2連覇は創部以来初で、快挙だと思っています。

残念なのは6年連続決勝進出という、記録更新がかかっていた総理大臣杯がなくなったこと。モチベーション的にもショッキングな出来事でした。

インカレの代替大会として開催された『#atarimaeni CUP』は、初戦は延長戦の末に福山大学に勝利しましたが、2回戦で東海大学にPK戦の末に敗退し、2020年のシーズンが終了しました。

2020年を振り返って、リーグ戦で連覇を達成できたのは素晴らしいことです。また寮生活をする中で、新型コロナウイルスの感染者が1人も出なかったことも、学生が頑張った成果です。

大学側もサッカー部を応援してくれて、他の部活動に先駆けて活動させてくれたのはありがたいことですし、大学サッカー連盟や流通経済大学の皆様のおかげで、リーグ戦を行うことができました。サッカーができる日常がこれほど嬉しいものだと、改めて感じたシーズン

インカレの代替大会「#atarimaeni CUP」初戦は延長戦の末に福山大学に3-1で勝利

でした。

前年の2019年は関東大学サッカーリーグ、総理大臣杯、アミノバイタルカップ、東京都サッカートーナメント、インカレで優勝し、5冠を達成しました。大会での結果に加えて、4年生9名がプロになるなど、多くの評価をいただいた年でした。

前年の結果が良ければ良いほど、翌年のシーズンは難しいものになります。2020年の選手たちは「前の年より良い結果を!」と考え、「去年の先輩のように優勝したい、プロになりたい」という気持ちを胸に、新たなシーズンを迎えていました。

一方で、去年と比較されるプレッシャーがあり、チームとしては4年生が卒業し、対戦相手もメンバーも変わります。去年がうまくいったから、今年もうまくいく保証は何もないわけです。

2020年シーズン立ち上げの頃は、2019年の5冠メンバーを基準としているので、どこかプレーが遅かったり、ハードワークの面で物足りなさが残るように映ったのも事実です。新チームになったばかりなので、仕方のないことではありますが、もっと自分の色を出してプレーしてほしいと、選手たちには伝えました。

2020年の選手は、5冠メンバーと比較される中で、周囲からの「今年も明治は強いんだろう」「これぐらいはやってくれるだろう」というプレッシャーを感じながら、自分たちの色を早く出していく。自分たちの学年のサッカーに持っていくところに苦労したと思います。私も選手も、去年の残像が残っているので、立ち上げ当初はそことの戦いでした。

コロナ禍での活動

新型コロナウイルスの感染拡大により、２０２０年4月7日に東京、神奈川、埼玉、千葉、大阪、兵庫、福岡の７都府県に緊急事態宣言が出され、4月16日に対象を全国に拡大しました。

誰も経験したことのないシーズン。それが２０２０年だったでしょう。3月下旬に寮を解散し、６月初旬に戻ってくるまでのおよそ２ヶ月間は、選手にとっては難しい状況だったと思います。

私は寮を解散するときに、選手たちに「いつ再開してもいいような準備をしよう。イレギュラーの事態が起きた時は、いままでの貯金や積み重ねが必ず出る。急に良くすることはできない。だからこそ日々の過ごし方、積み重ねにこだわろう。どの大学も２ヶ月間活動が止まるけど、その間に何をしたかで、再開したときの差になって出るぞ」と話をしました。

活動自粛期間中はフィジカルコーチがメニューを作ってくれて、みんな一生懸命やっていました。「やらないと取り残される」という気持ちもあったと思います。

私も「緊急事態宣言が明けて戻ってきたら、何の遠慮もなく練習をするから」とあらかじめ言っておきました。「調整などはしない。ついて来られなかったら終わりなので、準備はしておいてね」と。選手たちはこちらが提示したトレーニングメニューに加えて、プラスアルファの部分も考えながら、一生懸命に取り組んでくれました。

ただし、東京在住の選手は大変そうでした。自主トレーニングをする場所がなく、公園に行くと、子どもたちがいっぱいいる。走っている人もたくさんいるので、なかなか難しいという声を聞きました。

逆に地方の選手は伸び伸びやっていました。コロナに対する対応は地域差があるので、地方の選手は母校の練習に参加させてもらったり、人のいないところでトレーニングしたりと、各自取り組んでいました。

指導者としては、チームの和やメンタリティをどう維持していくか。チームビルディングをどうするかに、頭を使いました。イレギュラーな事態ゆえ、どうすればいいのか、正解がわかりません。様々な仮説を立てながら、チャレンジしていきました。

オンラインミーティングで一体感を作る

選手が全国に散らばっている以上、オンラインが、唯一全員で集まることのできる空間でした。最初のオンラインミーティングは部員全員が参加する形で行い、次は学年ごとといった形でやり方を変えていきました。

オンラインミーティングの目的は、チームの一体感をキープし続けることと、サッカーに対するモチベーションを維持することです。

それまでは寮という生活環境の中で、サッカーに集中して向き合ってきました。高い意欲と基準の中で、日々を過ごしてきたわけですが、実家に帰ってひとりでいると、寮生活で張り詰めていたものがプツンと切れてしまうのではないか。

「何でサッカーをしているんだろう」と考え、サッカーに対する気持ちが冷めてしまうことがあるのではないか。そのような危惧がありました。地元の友達と話をする中で、そっちの方がいいな、楽しそうだなと感じて、サッカーに対する意欲が削がれてしまうこともないとは言えません。

先の見えないコロナ禍、緊急事態宣言が明けるまでは手探り状態が続きました。そんな中でオンラインミーティングをすることで、「みんな、それぞれの場所で頑張っているんだな」

「ひとりじゃないんだ」と、チームとしてつながっている感覚を持つことができます。そのため、私が一方的に話をするというよりも、「そっちの地域はどうだ？」というように、選手たちが話をする形をとりました。

さらに、新入生を除いた、2、3、4年生とオンラインで面談をしました。試合がないと、プロのスカウトにアピールすることができません。「プロに行きたいけど、見てもらう場がないので、どうしたらいいのか」というのは、多くの選手に共通する悩みでした。

不安を感じている選手もたくさんいました。とはいえ、自分ではどうすることもできないので、悩んでいても仕方がありません。「なるようにしかならないから、いまできることを精一杯やるしかない。リーグ戦が開幕した時に、何ができるかに目を向けよう」ということは常に言っていました。

緊急事態宣言が解除され、リーグ戦開幕の目処がたったところで、二段階に分けて選手を戻しました。リーグ戦の登録メンバー25人を最初に戻して、それ以外の選手は10日ほど後に合流しました。

八幡山のグラウンドには仲間と会える喜び、一緒にボールを蹴られる喜びがあふれていました。選手たちはこの期間、大変だったと思います。寮でクラスターが発生しないように、電車に乗らない。オフも寮の近隣しか出歩くことができないので、カンヅメのような状態でした。意識を高く持ち、犠牲を払い、将来の不安に立ち向かいながらサッカーに取り組んでいた彼らに、敬意を表したいです。

1年生と4年生の違い

選手たちに言っているのは、「1年生と4年生は違う」ということです。4年生は頑張ること、周りに信頼されることは当たり前。それに加えて、勝つためのプレーを極める必要があります。それがないとメンバーには入ることはできないのです。

1年生は入学して日が浅いので、スタッフや先輩から信頼を得る時間がなく、明治の看板を背負う意味もまだそれほど強くは感じていません。そのためフレッシュに全力で向かって行き、プレーに勢いがあれば評価されます。

セカンドチームに所属する、ある4年生の選手がいました。彼は自分の課題を理解していて、やらなければいけないこともわかっています。努力もしているのに、越えられない壁があることに悩んでいました。

緊急事態宣言が明けて練習が始まり、彼のプレーを見ていると、少し弱いというか存在感がありません。本人にそう伝えたところ、奮起したのでしょう。翌日から、攻守に渡って最後の際のところを、いままでにないぐらい力強くプレーするようになりました。その姿を見て、これなら大丈夫だと思い、トップチームに上げました。そうすると、トップチームの中でも臆することなく自分を出して、途中出場の試合ではシュートを何本も打ち、チームに勢いをもたらせてくれました。その姿を見た時に「これが明治の選手の姿だよね」と思い、選手たちにもそう言いました。

日々積み上げてきたものとピッチに立つ責任が重なり合って、自分が持っているパフォーマンス以上のものを出す。これが、明治が追求している姿です。

リーグ2連覇を達成

2020年はコロナ禍で様々な苦労がありながら、リーグ戦で連覇を達成することができました。日頃の積み重ねが優勝という結果につながったのは、選手たちの頑張りのたまものです。

うれしかったのが、Iリーグの全国大会『アットホームカップ2020 第18回インディペンデンスリーグ 全日本大学サッカーフェスティバル』で優勝したことです。

Iリーグはセカンドチームで臨む大会です。この直後にインカレの代替大会となった

コロナ禍でイレギュラーな状況下の中、リーグ2連覇を達成

『#atarimaeni CUP』が開催されることになっていたので、アットホームカップで活躍した選手3名を、この大会のメンバーに入れることを公言していました。

繰り返しお伝えしているように、明治はメンバー60人全員がトップチームに入ることを目指しています。それが競争力を保つ秘訣です。Iリーグに出場する選手は、全員がトップチーム入りを目指して、日頃から競争しています。トップチームの選手も、試合で振るわないプレーをしたら、セカンドチームに降格させられます。

大学によっては、各カテゴリー30人ぐらいで、4つ、5つのチームに分かれ、異なる目標を目指す組織もあります。でも明治はそうではなく、全員が全国優勝という一つの目標に向かって、同じ方向を向いて取り組んでいます。全員の顔を見ながら、同じ所を目指してぶつかり合って、切磋琢磨していく。その中で生まれてくるものはあると思います。

トップチームのリーグ戦に出ているメンバーも、下級生の時にIリーグを経験しています。高校時代に年代別代表に選ばれ、鳴り物入りで入ってきた選手も、すぐにトップチームに上がれることはほぼないので、Iリーグから這い上がっていくわけです。

彼らがIリーグでプレーする理由は、トップチームに上がるためです。だから私には、Iリーグの試合もしっかりと見る責任があります。Iリーグの選手はトップに上がるため、がむしゃらにやっています。泥臭くて純粋です。それが、明治の競争力のひとつになっていると思います。

成功、失敗の両方から学ぶ

２０２０年は、結果として歴代最多の12人がプロに行くことになりました。それはひとつの成果ですが、裏を返すと３年生以下、下級生がプレーする場が限られていたとも言えます。そのため私は、シーズンを戦いながら「下級生をどう育てていくか」について、常に頭のどこかで考えていました。とくに２０２０年はコロナ禍でＩリーグ、新人戦が中止になり、プレーする場が減っていました。

４年生が中心となり、明治のサッカーを追求していくことで、下級生に伝わることもあると、頭では理解していましたが、プロ入りが内定したことで、先を見ている４年生の視線を補正するところに時間がかかってしまったという反省があります。

そこを取り除いて、明治のサッカーを追求することができれば、もっと強いチームになれたかもしれません。４年生はそこに気がついていたので、ものすごくもがいていました。

２０２０年の４年生には、シーズン終了後のミーティングで、「明治の４年間で学んだことを自分なりに整理して、振り返ってほしい。それを自分の中に落とし込んでアレンジして、

5冠メンバーと比較される中、2020年は歴代最多の12人がプロへと進んだ

プラスアルファを作ってほしい」という話をしました。

この学年は4年間で何度も優勝を経験しました。なぜ優勝できたか、理由は絶対にあります。それを分析して、経験値として残してほしい。そして、失敗した経験は成功体験以上に貴重なものなので、失敗から学んでほしいと伝えました。

「考えて行動する」という言葉がありますが、若いときは考え過ぎるのではなく、ある程度考えたら、動いてみることが大切なのだと思います。評論家のように理屈をこねるのではなく、まず動いて、成功と失敗を経験してほしい。動いて学ぶことで、より記憶に残りますし、経験値も溜まっていきます。その繰り返しこそが、成長するために必要なことだと思います。

第3章

強い個人の育て方

強い個人がクリエイティブにプレーする

明治大学サッカー部には、前任の神川さんが作った「三原則（球際、切り替え、運動量）という言葉があります。それをベースに、私は選手たちに「強い個人がクリエイティブにプレーすること」を求めています。

なかでも大事にしているのは「徹底的な個の強さ」です。それをサッカー面と人間性の両方で追求しています。

大学は最後の育成の段階です。そこですべきはエンジンを大きくすること。車にたとえるなら、カローラよりもポルシェの方がスピードが出ます。なぜならポルシェの方が、エンジンが大きいからです。

サッカー選手としてのエンジンが大きければ、どのようなサッカーにも適応することができます。プロに進めば、様々な監督がいて、多様なスタイルがあります。ひとつのクラブでも監督が変われば戦術が変わり、求められるプレースタイルも変化していきます。

そうなったときでも、すぐに適応できる選手になってほしい。明日、ヨーロッパのクラブからオファーが来たとしても、何食わぬ顔でプレーできるようになってほしい。その観点で日々のトレーニングを考えるとともに、選手の指導にあたっています。

ベースとして必要になるのは、ハイプレッシャーのもとでの認知と判断に基づく技術の発揮。そして、攻守に高い強度でプレーし続けることのできる運動量。この2つは徹底して鍛えます。

守備の強度が低い中でトレーニングをしても、試合で活きる技術は身につきません。それを実行するためのハードワークは、どのポジションの選手にも求めます。

選手に対する要求は高いです。明治が求める基準、スタイルに適応するために、自分は何をすべきか。何が足りないかを、選手たちは日々、自問自答しています。

客観的に自己分析し、課題に向き合ってチャレンジする考え方、やり抜く心も大切です。そして最終的には、自分の特徴をチームの中で発揮すること。自分の能力を、チームの勝利のために活用することができるようになると、トップチームのスタメンに定着していきます。

明治に来るのは高校やJユースの中心選手で、プロから声がかかる選手もいれば、かからなくて大学に来た選手もいます。

全員に共通するのが「プロになれないから、明治に来た」ことです。何かが足りないから、高校卒業時にプロに行けなかったという反骨心は、誰もが胸に秘めています。

私が心がけているのは「自分には足りないものがあるから、明治に来たんだ」と気づかせること。成長させるために、ここに来たんだというマインド作りを徹底して行います。

純粋に、自分の成長に対して、上に矢印を向ける。それが明治の最大の特徴だと思います。プライドや過去の栄光にいつまでもしがみつくと、成長が止まってしまいかねません。それを自信につなげるのは結構ですが、彼らは成長過程なので、自信は胸にしまっておけばいいのです。

そういう選手ががむしゃらに努力することが大切で、周りの選手も、年代別日本代表に選ばれた選手が必死に努力して、実直にやっていたら「もっと自分もやらなければいけない」という気持ちになりますよね。その環境を仲間同士で作りあえているのが、一番大きいと思います。

卒業していった先輩から学ぶことができるのも、明治の良さだと思います。

大学時代、一緒にプレーした選手がプロに行って活躍している姿を見ることで、練習や試合で感じたことをリアルに思い出し、「プロになるためには、あのレベルが必要なんだ」と思い返すことができます。

そうしてさらに努力していくサイクルができているのも、明治からプロ選手が毎年のように出る要因のひとつではないでしょうか。

高いポテンシャルを秘めていた中村帆高

高校時代の中村帆高は、全国的に有名な選手ではありませんでしたが、類まれな身体能力とスピードがあり、ポテンシャルを十分に感じさせる選手でした。

高校時代、明治の練習に参加した帆高のプレーを見て、私は驚きました。100メートルを11秒前半で走ったのです。「なんだこの選手は！」と思いました。ストップウォッチを押し間違えたかなと思ったほどです。実際に見ると、バネがあってめちゃくちゃ速い。これは面白い選手だなと感じたことを覚えています。

身体能力がすごかったので、メンタル面とサッカーの部分を伸ばせば、オリンピック代表や日本代表になれる選手だと思いました。

このタレントをどうやって伸ばすか、すごく悩みました。なにより彼に、自分の才能や可能性に気づかせてあげたい。前向きな思考を持てるようにしてあげたいという想いで接しました。

そしてメンタル面の改革をするとともに、サッカーに対する要求など、とにかく熱量を持って接しました。帆高もそこについて来てくれて、徐々に変化が見られました。

考え方が変わることで自信がつき、ユニバーシアード代表に選ばれ、3年生でスタメンを

中村帆高の類まれな身体能力とスピードは入学当初から光っていた

獲得しました。

サッカー部の方針として、4年生の中で早くにプロ入りが決まった選手以外は、就職活動をします。帆高はユニバーシアード代表に入っている時も、「自分はプロに行くかどうか迷っています」と言っていました。森下龍矢と帆高はユニバーシアード代表として海外遠征に行っているのに、夜になると食堂で面接の練習をしたり、履歴書を作ったりと、就活の準備をしていたそうです。

その様子をプロのスカウトの方が伝え聞いたようで「帆高は就職するのですか？」と聞かれたことは、一度や二度ではありません。

「プロに行かないのはもったいない」と周りが思う中、自分と向き合って決断したのでしょう。ＦＣ東京に入り、プロの道を歩むことに決めました。

卒業後は1年目から活躍していますが、帆高が試合に出ているのを見ると、とても嬉しいです。あるとき唐突に電話して「お前がプロで頑張ってるのを見ると、めちゃくちゃ嬉しいぞ」と言ったら、私がそのような言葉を話したのが意外だったのでしょうか、困っていました。それだけ言って電話を切ったのですが（笑）。

安部柊斗はサッカー小僧

ＦＣ東京の安部柊斗はプロになりたくてなりたくて、たまらなかったサッカー小僧です。大学４年間でサッカーに対する情熱を強く持ちながら、人間的な部分でも成長したと思います。

とくに変わったのは、物事の考え方、本質の捉え方。感謝の気持ちを持ちながら、自分は何をしなければいけないかを考えること。けじめや尺度などは、相当変わったと思います。彼が持っていたやんちゃな部分を残しながら、人間的に成長して行きました。まだ未熟な部分もありますが、さらに成長できる選手だと期待しています。

サッカー面もすごく変わりました。もともと相手のボールを刈り取るプレーが得意でしたが、その部分はかなり伸びたと思います。

それに加えて、彼にはゴールを決めることも強く求めました。ボールを奪ってからのパスの精度、攻撃のクオリティ、ゴールに対する意識は上がったと思います。

あとは犠牲心ですね。チームのためにプレーすること、チームのために全てを捧げて取り組むこと。そういったマインドはすごく変わったと思います。自分が試合に出ようが出まいが、しっかりとチームのための行動をするようになりました。

明治の4年間でサッカー面はもちろん、人間的な部分でも成長した安部柊斗

明治に入学する選手をスカウティングするときは、その選手が持っている武器や特徴が魅力的かどうかを見ます。

たとえば、性格的にムラがありそうだと感じる選手であっても、そこを大学4年間で成長させることができればいいわけで、見方を変えれば「伸びしろがある」ととらえることもできます。

もっとも大切のは「明治でサッカーがしたい」という気持ちです。自分は明治でやりたいんだという強い意志がないと、ハードな練習をやり抜くことができず、甘えや妥協につながってしまいます。

「プロに行けないから、しょうがなく明治に行きます」ではなく「他の大学ではなくて、明治でサッカーがしたい」というマインドの選手と一緒に切磋琢磨し、成長していきたいと思っています。

大きく成長した柴戸海

浦和レッズの柴戸海は運動量があって、プレーヤーとしては抜群でした。

職人気質で、猟犬のようにボールに食らいつく選手でした。市立船橋（千葉）で鍛えられ

抜群の運動量と攻守におけるボールへのかかわりが評価され、浦和レッズへ進んだ柴戸海

ていたので、内に秘めた良さは持っていたのですが、入学当初は味方とコミュニケーションをとってプレーするところに課題を抱えていました。

サッカーのレベルが上がると、自分一人でできることは限られてしまいます。チームメイトとコミュニケーションをとることで、自分自身もプレーしやすくなり、結果として良いプレーにつながります。

その課題に向き合ったことで人間的にも成長し、4年生のときは副キャプテンを務めました。精神的な成長が、プレーに良い影響を及ぼした好例だと思います。

余談ですが、浦和レッズの入団会見の時に、冗談を言いながら話しているのを見て、随分変わったなと思いました。「埼玉には海がないですが、埼玉の海になります」と言っていたぐらいですから（笑）。

彼はボランチですが、「ボールを刈り取るだけでなく、守備も攻撃もできなければいけない」「試合を決定づけるプレーができなければいけない」と、しつこいぐらいに言い続けました。柴戸も安部柊斗もそうですが、ハードワークをベースに、攻守におけるボールへの関わりが評価されて、プロでも試合で起用されているのは嬉しいです。

明治の選手は対人とハードワークには、絶対の自信を持っています。そこがないと、試合には出られません。

帆高は２０２０年のＪリーグの１試合で、スプリント回数が36回。出場選手の中で１位でした。柴戸は１試合で13㎞近く走っています。岩武克弥や森下龍矢などもハードワークが持ち味です。大学の４年間で積み上げてきたことが、体に染み込んでいるのだと思います。

大宮アルディージャに小野雅史という選手がいます。彼はプロ入り１年目、苦労していました。ですが２年目の２０２０年シーズンは35試合に出場し、主力としてプレーしました。前後の動きやボールに関わるプレー、ミドルシュート、ハードワークを心がけたら、試合に出られるようになったそうです。

「それってどっかで聞いた言葉だよな？」と言ったら「その通りです。大学の時あれだけやっていて、それを期待されてプロになったのに、僕は何をやっていたんだろうと思います」と言っていました。

悩んだときは、大学時代に培ったベースに立ち戻ればいい。そういう場所があるので、明治の選手は強いと思います。

『ロストフ』というハードトレーニング

明治について書かれた記事を読むと、日本一練習がきつい、ハードだと書いてあります。

単にハードなだけではなく、そこには緻密な計算があり、一週間のサイクルがあります。

おおまかにお伝えすると、日曜日が試合の場合、月曜日がオフで火曜日から始動します。火曜日は週末のゲームで出た反省と、エラーを修正するトレーニングをします。選手が気になっているだろうなと思うところ、自分も気になっているところを修正することによって、腹落ちして前に進むことができます。

水曜日は個人にフォーカスを当てた、過負荷のトレーニングです。1対1や2対2、3対3など、対人を中心に行います。勝負に対するこだわり、個の能力を追求していきます。

選手が名前を付けた『ロストフ』という練習があります。名前の由来はロシアワールドカップのベルギー戦です。終了間際の日本のコーナーキックから、GKクルトワがボールをキャッチして、デブライネを起点にカウンターを仕掛けた場面です。ベルギーの選手たちは、プレー開始から14秒でゴールまで行きました。

典型的なカウンターの場面ですが、これに似た設定で練習をすることもあります。スプリント力、持久力、精神力などが求められるので、選手たちは必死に取り組んでいます。

そして木曜日はリカバーをして、週末の試合に向けてコンディションを上げていきます。

試合前日はゴール前の確認作業や戦術的な立ち方の確認などをして、日曜日のゲームを迎えます。トレーニングでやったことを試合で発揮し、勝利につながるのがいいサイクルです。

練習を明治流にアレンジする

試合の映像は、その日の夜や翌日に見ます。試合の中で良い場面、悪い場面、印象に残っている場面があるので、そこが映像としてどう映っているのかをチェックします。たとえば悪い事象があったとして、その理由は二つ三つ前にあることが多いので、そこはどうだったのかを確認します。

ある試合に「同サイドの守備」と「コンパクトな状態を作る」というテーマで臨んだとして、試合ではそれが出来ずに守備を突破されてしまったとします。その場合は映像を見て、「守備の優先順位があいまいで、味方同士の距離が離れたことで突破されたんだな」などと確認していきます。

指導の勉強に関しては、指導者ライセンスを取りに行ったり、本を読んだり、他の人の練習を見て参考にすることもありますが、基本的にはオリジナルです。

練習メニューの本を読んだり、他の人の練習を見たりする中で、「明治の場合はここをアレンジすると、この部分のトレーニングになりそうだな」とか、「トレーニング開始のシチュエーションは、試合に近い形で面白いな」などと考えながらアレンジします。見たものの

強度の高い対人プレーで、個人の能力を鍛える

をそのままやることはあまりありません。

練習の流れとしては、トレーニング1、2、3があって、最後はゲームで締めくくる形です。練習にはストーリー性が大事だと思っているので、最後のゲーム形式の練習で、選手に「今日はこういうことがやりたかったんだな」「ここが狙いなんだな」とわかってもらいたいのです。

それぞれのトレーニングは、できるだけゴールがあるシチュエーションで行います。サッカーは点を取るスポーツです。「ドリブルでラインを通過したら1点」だけだと、プレーしている選手も面白くありませんよね。

そういう練習もたまにはしますが、その先にあるゴールを常に意識させます。それがサッカーの本質ですし、ゴール前の攻防は何よりも大切なトレーニング要素です。勝って喜ぶ、負けて悔しがる。練習であっても、それが大切だと思っています。

自分の指導が正解かどうかは、自分ではわかりません。こだわりがあるとすれば、勝つという結果に対して、人並み以上に執着することでしょうか。

結果を出すことはひとつの成功事例になりますし、勝ったあとにも反省点は必ずあるので、そこにはこだわります。

才能×努力×考え方

私は選手に「才能のある選手が努力したら、いい選手になれると思う?」と聞くことがあります。すると、ほとんどの人が「なると思います」と答えます。

でも私は、なる人と、ならない人がいると思っています。

毎日の練習は足し算で、積み重ねです。そこに掛け算をして、才能に努力と考え方を加えます。「才能×努力×考え方」です。そこで考え方の部分がネガティブな思想であれば、いくら才能があって努力しても、マイナスに転じます。

反対に、ポジティブな考え方のもとで努力を積み重ねることができれば、結果はプラスに転じます。自分をコーディネートする力を持っていれば、その積み重ねは乗数になるのです。

誰でも1日は24時間、平等です。大学生は時間もたくさんあります。だからこそ学校に行って勉強するのも大事ですし、ゼミで色々な知識を学ぶことも大切です。

体育会系の学生の場合、部活動の仲間との付き合いがメインになりますが、同じ思想で同じ考えの人たちと固まるよりも、せっかく大学に来たのだから、色々な人達と付き合って、視野を広く持ってほしいと思っています。

明治の練習は朝だけです。サッカー以外の時間はたくさんあります。自分の体をケアしたり、読書をしたり、映画を見るなどなんでもいいのですが、自分の時間をどうコーディネートするかで、その後の人生が変わってくるという話はよくします。

若いときは、色々な価値観に触れてほしいです。物事を一つの面から見るのではなく、多角的な見方ができるようになってほしい。いまは多様性の時代と言われていますが、様々な価値観を知ることで、人間的な幅も広がるのではないでしょうか。

学校教育は、完成形が決まっているジグソーパズル型教育です。でも、社会に出て求められるのは、決まった正解を探す能力ではなく、目の前にある材料を使って正解を導き出す、レゴブロック型の能力です。

どちらかと言うと私は、レゴ型教育です。もちろん、セオリーやベース構築にはジグソーパズル型が必要なのですが、常識があれば、大きく外れたものはできないはずです。

レゴブロックの完成形は人それぞれです。だからこそ、自分と向き合うことが大切で、自分を俯瞰的に見る力、外から見る力がついてくると、自分に何が足りないのか、どんな努力をすればいいのかが見えてきます。

「自ら人生を切り開け」というのが、私のモットーです。そのためには実力をつけなければいけないし、常にどうすれば成長できるかを考え続け、行動に移していくことが大切です。

サッカーも同じで、自分に何が求められているのか、足りないものは何なのかを考えてほしい。

そうしてできた個としての強いベースがあれば、どこのチームに入っても、「あの選手は戦える」「最後に決めてくれる」「守ってくれる」となり、評価されます。それが、サッカー選手としての道を切り開くことになると思っています。

18歳以降の選手育成

現状の日本サッカー界において、18歳以降の選手育成は、大学が担っている側面もあります。これは日本独特の形です。

明治のトップチームであれば、リーグ戦、カップ戦、すべてを含めると、年間40試合ほどあります。大学サッカーの指導者にも色々な人がいて、特徴あるサッカーに取り組んでおり、選手を成長させる場として機能しています。

これはあくまでひとつの考えですが、たとえば高校卒業後、18歳、19歳でプロになった選手の場合、いきなりトップチームで試合に出ることを課されるのではなく「3年契約だから、1年目は試合に絡まなくてもいい。その代わり、個人を徹底的に鍛えて、ウィークポイントをなくそう」「2年目は5試合出場を目標にしよう」「3年目にスタメン定着を目指そう」

といった形で目標を与え、個別の評価軸を設定するのもいいのではないでしょうか。

当然、そのようにして育成をしているクラブもあるとは思いますが、18歳以降の選手育成については様々なアイデアを出し、検証していくことが、日本サッカーをさらに強くしていくためにも必要なことだと思います。

サッカー選手として大成するには、判断力、技術、フィジカル、メンタル（心）、考え方、コミュニケーション能力の6つが必要です。技術、フィジカルは当然のこととして、考え方、心の部分がしっかりしているかどうかが、プロになって長く活躍ができるかどうかの分かれ道になるのではないかと考えています。

どうしてもサッカー選手の場合、「サッカーが上手ければいいでしょ」となりがちです。しかし、サッカーは社会の中にある以上、社会の一員としての立場があり、その中にサッカーの世界があります。

明治の場合、サッカーが上手いから、日常生活がだらしなくても許されるという雰囲気は微塵もありません。サッカーが上手い、下手は一切関係なく、プロに行くから、優勝したからいいでしょうという空気は徹底的に排除しています。

サッカーの上手い、下手でヒエラルキーやパワーバランスが生まれると、チームに一体感がなくなるので、そうなりそうな要因は削ぎ落としています。

スマートな常本佳吾

2020年度の4年生は12人がプロに行きました。

この学年は、個性の異なる選手たちがひとつにまとまり、突き進んでいくチームでした。そのエネルギーが集約すると、パワーが生まれます。

一人ひとりが自分と向き合って、武器を伸ばしながら、ウィークポイントを成長させていきました。指先を外に向けず、日々を積み重ねたことがベースにあります。それをお互いに響き合わせることができる環境が、八幡山にはあります。

DFの常本佳吾は横浜F・マリノスのプライマリーからジュニアユース、ユースとステップアップし、年代別代表に選ばれてきたエリートでした。サッカーの能力が高くスマートで、何でもできる選手です。

明治に入って、もともと持っている聡明な部分に加えて、泥臭さや実直さ、勤勉さの大切さを実感したことで、サッカー選手として、人間としてもすごく成長したと思います。

彼は1年生のときに、サッカーだけでなく、大学で勉強をすることや人間性の部分を高めることも大切なのだと気がついてくれたようで、ある日を境に背筋が伸びたというか、受け答えも含めてガラッと変わったことが印象に残っています。

サッカーIQが高く、スマートで何でも器用にこなせる常本佳吾

記憶に新しいところでは、彼が4年生のときの12月、鹿島アントラーズへ加入が決まり、明治と鹿島を行き来していたときのことです。

リーグ戦で中央大学との試合に出場したのですが、私の目には彼のプレーが物足りなく映りました。そこでハーフタイムに「ツネはもっとできる選手だから、本来の力を出そう」と檄を飛ばしました。そうしたら後半に先制点を決めて、1得点、1アシストと素晴らしいプレーを見せてくれました。

もともと彼には高い能力があるので、どんな試合、どんな状況でもその力を出せるようになってほしい。それはこれからプロの世界で戦う上で、忘れてはいけないマインドだと思います。

彼が卒業するときに、私はこう言いました。

「ツネはスマートだから、ある程度何でもできる。でもプロに行くと、自分の想定を越える選手がたくさんいる。想定外の出来事があっても対応できるように、常に自分のイメージを越えていこう。そこに向かって、実直に取り組んでいくことは、明治で4年間かけてやってきたのだから、その気持ちを忘れずにいてほしい」

スマートで聡明な選手であるからこそ、常に全力で貪欲に、向上心を持ち、自分と向き合ってほしいと思っています。

厳しいことに立ち向かうことで経験となり、選手、人間としての幅になります。そのような経験をしていると、将来、困難な状況に直面した時に「あの時はこういうマインドだったな。よし、やってみよう」と、前向きにチャレンジできるようになるはずです。

今後は自分の殻を破るような取り組みを続けて、想定外の自分になってほしいと思っています。

様々な立場を経験した早川友基

ＧＫの早川友基（鹿島アントラーズ）は１年生ながら全国大会に出場するなど、高い素質と能力を持っていました。私は彼を４年間でどう育てていこうかと考え、成長のために、２年生の時はあえてセカンドチームでプレーさせることにしました。

そこでチームを支えることや、自分の力でチームを良くしていくこと、トップチームを目指して切磋琢磨する４年生の姿を身近に感じ、自分はどのような姿勢でサッカーに向き合えばいいのかを考えてほしかったのです。

１年生の時に全国大会に出ていたのに、２年生でセカンドチーム所属となると、ネガティブな気持ちが出てくることもありますが、それを踏まえた上で自分と向き合い、精神的な成

4年間様々な経験を積み、GKとして大きく成長を遂げた早川友基

長につなげてほしいと思っていました。

当初の予定では、３年生になったらトップチームで起用しようと思っていたのですが、当時の４年生の加藤大智（ガンバ大阪）がグッと伸びてきて、ポジションを奪いました。

そこで良い競争が生まれたと同時に、早川は加藤の取り組む姿勢を学ぶことができたので、結果として良かったと思います。

早川は４年間で様々なシチュエーションを経験したことで、ゴールキーパーとしての能力向上に加えて、人間的な成長にもつながりました。彼のゴールキーピングはもちろんのこと、両足のキックは大きな武器です。今後の活躍に期待しています。

センターバックらしさが魅力の佐藤瑶大

２０２０年シーズン終了後の記者会見で、私が「リーグ戦のＭＶＰ」と評したのが、センターバックの佐藤瑶大です。

彼を初めて見たのは、高校１、２年生の頃でした。ヘディングが強く、タイトに相手と競り合うことのできる選手で、足元の技術もある。「これはいい選手だな」と感心したことを覚えています。

2020年のリーグ戦2連覇に貢献し、見事MVPを獲得した佐藤瑶大

彼とのエピソードで思い出深いのが、3年時のインカレ準決勝です。

関西学院との試合だったのですが、前半は3対1で勝っていました。ハーフタイムのミーティングで、「後半、相手は左サイドの選手を変えてくるかもしれない」と話し、「その選手が出てきたら、こういうプレーに気をつけよう」と、具体的に指示を送りました。

そうしたら案の定、その選手が出てきました。そこで佐藤瑶大は、ハーフタイムに伝えたにも関わらず、その選手に抜かれてピンチを招き、後半1分に失点。そこから立て続けに2失点し、同点に追いつかれてしまいました。

そこで佐藤と常本に代えて、4年生の川上優樹と小野寺健也を投入しました。するとチームの雰囲気がガラッと変わり、彼らが守備を引き締めてくれたのもあって、7対3で勝つことができました。

その試合で途中交代を命じられ、ベンチに下がってくる佐藤と常本の「やってしまった」という表情はいまでも覚えています。

そして決勝戦、佐藤はベンチからのスタートでした。そのような苦い経験をして、また自分を見つめ直して、さらに成長していく。そのようにして、選手たちは伸びていきます。

佐藤は性格的に明るく、チームを盛り上げつつ、味方に厳しい要求ができる選手です。「戦う」という部分でも、明治のスピリットを体現してくれた選手だと思います。

だからこそプロになっても成長を止めず、ステップアップしていってほしいと願っています。

人間性が高かった、須貝英大と蓮川壮大

2020年シーズンのキャプテンは須貝英大でした。この代は青森山田高校出身の住永翔（AC長野パルセイロ）やFC東京U－18出身の蓮川壮大がいて、彼らは高校時代にキャプテンとして日本一になった経験を持っています。

キャプテン経験者の多い学年でしたが、その中でも須貝がリーダーシップを発揮し始め、部員の投票でキャプテンに選ばれました。

彼は人間力が高く、頭もいい。どこに出しても恥ずかしくないキャプテンです。

サッカー面での特徴は身体能力の高さと運動量です。ハードワークが持ち味の明治の中でも、トップクラスに走れる選手で、1試合14㎞走ったこともあります。これはプロ選手の中に入っても上位の数字です。

守備の対人プレーにも、無類の強さを発揮します。それに加えて攻撃の質がさらに高まれば、もっと上のレベルに行ける選手だと思います。

蓮川壮大はひたむきに努力できる選手だった

同じくサイドバックとしてプレーした蓮川壮大は、卒業するときに「明治に来て一番良かったことは、栗田さんに出会えたことです」と言ってくれました。これには驚きましたが、とても嬉かったのを覚えています。

彼は2年生までセカンドチームでプレーしていて、トップチームで試合に出始めたのは3年生からです。

人間性が素晴らしく、自分に矢印を向けて努力できる選手だったので、私が彼に対して厳しく何かを言った記憶はありません。

卒業後は明治の卒業生がたくさんいるFC東京に進みました。明治魂を持って、先輩たちとともに切磋琢磨していってほしいと思っています。

タフさが加わった小柏剛

小柏剛は真面目な人間で、入学当初は若干控えめというか、おとなしい選手でした。

彼には「アタッカーとして素晴らしい能力を持っているのだから、もっと強気にプレーしよう」と言い続けました。貪欲に、上のレベルに挑戦してほしかったのです。

たとえばゴール前でボールを受けたら、周りに遠慮せずに突破を仕掛けて、シュートまで

類まれなスピードを武器に、コンサドーレ札幌でも開幕スタメンを飾った小柏剛

持っていくこと。パスで相手を回避するのではなく、積極的にチャレンジしてシュートを打つことなど、個の力でフィニッシュに持っていくことに対する意識づけをたくさんしました。当然、彼にもハードワークすることを求め、「いままで1試合で5本スプリントしていたのなら、それを20本にしよう」など、量と質の両方を向上させるためのアプローチをしてきました。

4年生の時に副キャプテンを務めたことで、責任感が増したのか、気持ちのこもったプレーが出るようになりました。攻撃だけでなく、守備でのハードワークも含めて、大学4年間で大きく成長した選手のひとりだと思います。

卒業後はコンサドーレ札幌に進み、開幕スタメンを勝ち取りました。フィニッシュの局面でもっとゴールに絡むことができたら、将来は海外でプレーできる選手になるかもしれません。今後が楽しみな選手です。

なんのためにプロになるのかを考える

私が監督になってから、プロになった選手は50人ほどいます。彼らには「プロになることがゴールではなく、スタートだよ」と言っています。

プロになった以上、長く活躍することを目指してほしいですし、サッカーを辞めた後も人生は続いていきます。せっかく培ってきたサッカー選手としてのキャリアを、その先の人生につなげていってほしいのです。22歳でプロになって15年やっても、まだ37歳。それから先の人生は40年近くあるわけです。その人生をどう豊かに過ごしていくかというところまでつなげていかなければいけないと思います。

好きなことが仕事になるのは素晴らしいことですが、仕事になってお金が絡むと、嫌いになってしまうケースもあります。だからこそ「自分は何のためにプロになるのか」という意識付けを、大学時代に何度もします。

プロにとってサッカーは仕事の一つであると同時に、自分の好きなことでもあります。ある意味、職人さんと同じです。自分で自分をマネジメントしなければ、長くプロとして活動することはむずかしいでしょう。

監督が変わった時に、「去年までは試合に出ていたけど、今年は出られなくなった」と悩むことがあります。上手く行っている時はいいのですが、人は駄目になった時と悩んでいる時、有頂天になった時に人間性が出やすい傾向にあります。

その時にネガティブになるのではなく、現状と向き合って軌道修正してほしい。それは明治の4年間で、必死になって取り組んできたことのはずです。

どの選手もみんな「プロになりたいです」と言います。明治で試合に出て活躍し、全国優勝すれば、Ｊクラブのスカウトの目に止まる可能性は高いです。だから選手たちには「プロになる一番の近道は、明治でレギュラーになることだ」と言っています。

18歳、19歳ぐらいでは仕方のないことかもしれませんが、プロになることが目的になっていて、その先で何がしたいのか、何のためにプロサッカー選手という職業があるのか、その価値はどこにあるのかまで、考えが及ばないことがあります。そのため私は、時間をかけて問いかけ、深掘りしていきます。

社会の一員として「プロサッカー選手」という職業がある以上、社会との接点を構築することやスポンサー、サポーターとの関係性、チームでの立ち振る舞い、人間性も求められます。それらがしっかりしていると、長友佑都のように、息の長い選手になれる可能性が高くなります。

応援されることは、同時に多くの責任を背負うことでもあります。そういった考えを忘れずに、周りに愛される選手になってほしいと思っています。

サッカー選手のプレーを見て、人々は感動したり、元気をもらいます。それが、サッカー選手が世の中に与えることのできる価値です。

人々は月曜日から金曜日まで働いて疲れて、週末にサッカーを見に行って、元気をもらいます。それがエネルギーになって、次の月曜日から頑張れる。その集合体が組織であり、社会です。そのようにして経済や社会が回っている側面もあるのではないでしょうか。

アスリートには、みんなを元気にさせたり、勇気を与える力があります。だからこそ明治に関わる選手たちは、応援される選手になってほしいのです。

付け加えるならば、社会に多くのエネルギーをもたらすことで、スポーツの価値も自然と高まっていきます。社会が認める価値とスポーツの価値がイコールになることで、初めて社会側も「スポーツの人たちってすごいね」と思ってくれるわけです。そこで頑張った人は、レジェンドとして称賛されます。欧米はそうなっていますよね。

スポーツから発展していく人材を、社会にどれだけ送り込むことができるか。アスリートの価値を高めて、社会に価値を認めてもらう。それが、私のやりたいことのひとつです。

第4章

結果を出し続ける秘訣

明治のサッカーを進化させる

サッカーは、監督が変わるとチームがガラッと変わることがあります。しかし、明治はそうならないように気をつけています。

明治大学サッカー部の礎を作ってくださった井澤千秋さん、たくさんのプロ選手を育て上げた神川明彦さん、そして私と監督が変わっても、チームの色は大きく変わってはいないと思います。

新たに監督になった人がしがちなのが、前任者のしてきたことを否定して、自分の色を出してしまうことです。

私は明治の場合、そのやり方は違うと思いました。井澤さん、神川さんがチームを築いてきた流れがあり、明治が大学サッカーのトップランナーになることができたので、私の仕事はそれを引き継ぎ、土台を盤石なものにしつつ、さらに進化させていくことだと思っています。

時代に応じて少しずつ変わってきた部分もありますが、大本となる、「明治大学サッカー部」があるので、ブレることはないと信じています。

チームを指揮する上で、自分が目立ちたいといった、私利私欲が介入する余地はありません。すべては学生のため、サッカー部のため。そこに対する気持ちはコーチ時代、そして監督になっても一切変わっていないと断言できます。

明治大学サッカー部には、プレーにおける三原則（球際、切り替え、運動量）があります。これは神川さんのこだわりでした。明治のサッカーを現すキーワードなので、私も引き継いで、選手たちに毎日のように言っています。長友も三原則と言えば、すぐに答えられると思います。

プレー以外にも大切にしている言葉があります。それは井澤さんが作った「礼節を重んじる」「フォアザチーム」「謙虚さを持つ」などの、人間性にアプローチする言葉です。

この本でも繰り返しお伝えしてきましたが、プロになる選手はサッカーが上手なだけでなく、人間性も大切です。そこがベースにあるからこそ、監督やチームメイトに評価され、サポーターに応援してもらえる選手になることができると思っています。

かつて井澤さんが掲げた、人間性にアプローチする部分を、神川さんも私も引き継いでいます。それも、明治の強さの秘訣と言えるのではないでしょうか。

環境が人を作る

環境が人を作ります。良い人間を作るためには、良い環境が必要です。それはサッカーにも当てはまります。

練習から一切手を抜かないマインドを選手全員が持ち、仲間同士で切磋琢磨する雰囲気、妥協しない環境があること。これが明治の生命線です。

サッカーの世界では「集中しろ」など、「集中」と言う言葉をよく聞きます。

では、集中とはなんでしょうか？

私は、集中とは「意識が研ぎ澄まされて、一点に向かっていくこと」だと思います。

そして強いチームとは、個々の集中が同じ目標、目的意識の中で共有されており、矢印が明確であることだと思います。

目的を自分の中に落とし込み、常に考えて行動に移すことができるかどうか。もしうまくいかなければ、修正を繰り返すことができるかどうか。チームとして、常にアラートな状態で全員が関わりあっているかどうか——。

そこが大切だと考えているので、選手たちの様子を注意深く見ています。

サッカー面では、繰り返しお伝えしていますが、ハイインテンシティな環境の構築。素早い攻守の切り替え、球際、運動量という三原則がベースにあります。

それらをもとに、徹底的に強い個人がクリエイティブに絡み合うサッカー、強くて上手いサッカーを目指しています。

「上手くて強い」ではなく、「強くて上手い」です。強い方が先に来ます。

ただし、戦っているだけで上手さがないと指摘しますし、上手いだけで戦っていない選手は、良い選手とは言えません。両方を高いバランスで求めるのが、明治のサッカーです。

チームとしての基準があり、その基準はすごく高いと思っています。そこに到達するために、自分はいま何をするべきかを考えて、選手は常に自問自答しています。

大学は最後の育成の時期でもあるので、選手を鍛える要素も重視しています。

その考えがベースにあるので、ハイプレスをベースとしたインテンシティの高いサッカーを目指しているとも言えます。

選手たちには高い基準を求めているので、「明日、マンチェスター・シティやリバプールからオファーが来たとして、強度の面で順応できるだろうか?」と問いかけることもあります。

明治に入ってくる選手は、プロサッカー選手を目指しています。明治で試合に出て優勝すれば、プロから声がかかるのではないかという気持ちで、日々しのぎを削っています。

私は彼らの成長をサポートするためにも、サッカーの勉強をしなければいけないし、自分の哲学を追求していかなければいけない。そう思っています。

変化する瞬間を見逃さない

大学生は在学中に成人し、社会からも大人として扱われます。そのため日常生活も含めて、1から10まで指導することはほとんどありません。

選手たちの主体性に任せながら、我々スタッフは彼らが主体的に活動できるための環境づくりに力を注いでいます。

そして折を見て選手たちに声をかけ、軌道修正したり、やる気をうながしたりして、4年間かけて社会に送り出す準備をします。

大学の4年間で「変化する瞬間」が2～3回ぐらいあります。スイッチが入るというか、指導者の言葉が、選手の心に響く瞬間が2～3回ぐらいあるんです。

大体、1、2年生の時に一度、3、4年生のときに一度あります。私はその瞬間を見逃さないようにしています。ここだと思った瞬間に、相手にズバッと響く話をします。

そのときは熱量をかけて、思いっきりぶつかります。こちらがエネルギーを持って接する

選手たちの「変化する瞬間」を見逃さず、
ここだと思ったタイミングで心に響く声を掛ける

と、相手に伝わる熱量も変わります。

もちろん、選手の気質によってアプローチの仕方は変わりますが、変化の瞬間を見逃さないことは、日々選手と接する中で、心がけていることのひとつです。

そこに対して、レギュラーだからとか、プロから声がかかっているとかは一切関係ありません。常に平等です。そこはぶれないように意識しています。

チームにスター選手ができると、その選手に対して周りが気を使い始め、「上手い奴が偉い」という雰囲気になることもありますが、明治はそうならないように意識しています。サッカーのレベルに関わらず、精神的には常に平等です。その選手に応じて、要求するレベルは変わっていきますが、事象に関してはその瞬間を逃さずに指導します。

結果を出すことで信頼が高まる

私が選手によく言うのは、「ピッチの中では誰も助けてくれない。最後は自分で解決するしかない」ということです。そのため、決断力のある選手、強さが見える選手であることを求めます。

すぐに監督の顔色を伺って「どうしましょう?」と聞いたり、ミスをしたらベンチを見るような選手では困ってしまいます。ひとたびピッチに立ったら、監督が手助けできることは、ほとんどありません。

もし選手がそのような素振りを見せたら「大好きなサッカーをしているのに、何を気にしながらやっているんだ？」と声をかけます。

育成年代は負けても失うものはありません。大学生活の4年間は、プロを目指す選手たちにとって、最後のチャレンジできる場です。失敗しても、そこから学ぶことができればいい。それこそが成長するために必要なことでもあります。

明治の学生は求められるものがすごく多いと思います。イメージとしては、4年間を通常の3倍速のスピードで送っているとでも言いましょうか。

それぞれが自分と向き合いながら、全員がチームの一員として、部のために活動しています。それもやらされているのではなく、自主的にやるような雰囲気ができています。

自分たちがやっていることの正しさを証明できるのは、試合での結果、つまり勝利です。いくら私がいろいろなことを言っていても、試合で結果が出なければ「監督が言っていることは説得力ないな」と思ってしまいます。

そこで「監督が言っていることをすると、試合に勝てるようになる」となれば、信頼感が生まれます。だからこそ勝ちにこだわりますし、試合に勝たせることも、自分の大事な仕事だと思っています。プレーするのは選手ですが、私の立場で勝利に対して何が出来るかは常に考えています。

かっこよくやろうとしない

毎年、プロに進む選手が出始めると、選手たちの中に「いいサッカーをしよう」という気持ちが湧いてきます。もっと綺麗に相手を崩してやろうなど、プレーに色気が出始めるのです。

それは決して悪いことではありませんが、良い結果にはつながらないこともあります。かっこよくやろうとすると、得てしてうまくはいかないもの。これを読んでいるみなさんも、そのような経験があるのではないでしょうか。

これまで明治として貫いてきた泥臭さ、実直さ、一生懸命さをベースとして残し、その上に自然と質がついてくるのが、一番良いやり方だと思っています。選手たちにも、その話はよくしています。

たとえばプロ選手の場合、フリーであればインサイドキックのパスは確実につながります。なぜかというと、1本のパスに対する意識が高いからです。

1本のパスミスが失点につながるのが、サッカーというスポーツです。ましてやプロになると1試合、1試合に生活がかかっています。つまり自分がミスをすると、その選手の評価を下げるだけでなく、チームメイトの評価も下げてしまう可能性があります。ひとつのミスが、チームの結果に影響するわけですから。

パスの出し手と受け手の関係も、アマチュアは0・01秒ぐらいで糸が切れるとするならば、プロは0・02秒ぐらいつながっています。

瞬間的なこだわりや質の部分が自然にミックスされると、チームとしてレベルアップし、選手としても成長していきます。

プロの練習に参加するようになると、選手たちはだんだんと先を見始めます。大学サッカーという足元ではなく、「プロとしての自分」というイメージが大きくなる側面もあるのでしょう。その結果、いますべきことがおろそかになってしまう部分も否めません。

そうなると、明治が大切にする原点がブレてしまい、プレーの質が低下し、試合での結果も出なくなるというサイクルにはまってしまうことがあります。

それは私も経験からわかっているので「君たちは、明治のサッカー部員として戦っているんだ。いま追求していることが、サッカー選手としての原点になるのだから、残りのシーズンでどれだけできるか。日々、自分と向き合おう」という話を常にしています。

社会人の場合、自分の課題とすべき仕事を分けて考えることができますが、学生は割り切ることがむずかしかったり、気持ちがそれてしまうことがあります。そうならないように、日々問いかけています。

勝ちにこだわる営業マインド

私は会社員として営業の仕事を長くしていましたが、経験則として、評論家になってしまう人と、実務家になる人に分かれるように思います。

評論家は理屈が先行し、結果がおろそかになってしまう人。実務家は目標を定めて努力し、結果を出す人です。私はいつも、実務家でありたいと思っています。

仕事に関して、「経過（プロセス）を評価することが大事」という意見もありますが、ビジネスをしている以上、大事なのは経過ではなく結果なのではないでしょうか。

営業であれば数字という評価基準があるので、それをクリアしていれば、上手くいっている、成果を出したと言うことができます。その結果の出し方が大切だということも言い添えますが。

サッカーも同じで、いくら内容の良い試合をしても、試合に勝てなければ、評価されなくなってしまいます。それは選手も監督も同じです。

結果にこだわるためには、勝つための思考回路をみんなが持つこと。組織づくりもそうですし、勝利という結果に対してどうやって進んで行くか。勝つという目的に対して、全員の意識を向けることが重要です。

２０１９年に5冠を獲り、２０２０年はリーグ戦で優勝し、12人がプロになりました。２０２１年の選手たちは「結果を出せば、自分もプロになれるぞ」と思うわけです。

そうすると、選手たち自身が、自分たちで基準を作り始めます。それと同時に、勝負に対するこだわりも追求していきます。

評価されるためには結果が重要です。結果を出すことが、何よりも説得材料になります。チームを勝たせることのできる選手が、結果を出している部分に関わっているのは間違いありません。そういうサイクルに入ることが大事で、結果を出すということは、過程も追求していることにもなります。過程をすっ飛ばして、結果が出ることはあり得ませんから。

私は営業の仕事を長くしていたので、結果に対する気持ちは人一倍強いのかもしれません。営業マンにはノルマがあります。たとえば今年、十分な結果を出したとしても、翌年は新たなノルマが課されます。「去年はたくさん契約を取ったから、今年は少なくてもいい」というわけにはいかないのです。

去年は結果を出すことができたのに、今年は出せないとなると悔しいので、気持ちを新たに、目標に向かって進んでいきます。その繰り返しで、社会人生活を送ってきました。サッカーも同じことです。タイトルを獲っても、翌年になれば新しいシーズンがやってきます。選手も入れ替わります。

去年までのことは忘れて、今年はどのような結果を出すかにフォーカスし、スパッと気持ちを切り替えます。長い社会人生活で、自然とそういうマインドになるのだと思います。現状に満足してしまっては、そこで終わりです。

2019年のようにタイトルをたくさん獲ると、次に何を目指そうかと考えます。去年を追うのではなく、そこに何を上積みしようかと考えるのです。

選手全員が腑に落ちる、腹落ちする提示はなんだろうと考え、2020年は「真の価値を追求しよう」と言いました。

「勝ち続けることに対する価値もあるし、勝ち負け以上の価値をどこに作るかもテーマになる」と、2020年のシーズンイン時に伝えました。

2020年に社団法人を作ったのも、学生がそれを背負いこむことで成長してほしいと思ったからです。その流れで、学生が主体となり「ビジョン2050」を作りました。

大人が作るのは簡単ですが、学生が作ったものを、次の年の学生が継承していけば、私としても「自分たちで掲げたのだから、それに向かって頑張ろう」と言いやすい。そう考えました。

自分のために監督をしているわけではない

私は、自分のために明治の監督をやっているわけではありません。自分の満足のためとか、自分が注目されるためにと思ったことは一度もありません。

学生がどう伸びるか、学生が社会に出て行った時に、プロも含めて活躍できるか。「明治発、世界へ」という言葉がありますが、そういう存在になっていけるかにエネルギーを注いでいます。

考え方としてはプロに近いと思います。結果にこだわる部分は、営業の仕事と同じです。営業時代は、人と比較して自分の成績は……と考えるのではなく、ありとあらゆるパターンの営業方法を吸収したいと思ってやってきました。

例えば1から5までの営業のパターンがあったとして、それを全部やりたいのです。違うやり方、違うお客さんのタイプ、違うシチュエーションが来ると「おもしろくなってきた」と思うタイプです。

タイトルをいくつも獲得し、プロ選手を数多く輩出してきたが、指導にはゴールはない

もちろん大変なこともありますが、そこにチャレンジして結果を出すと、一回り大きくなりますし、インパクトを残すこともできます。そこに充実感を覚えるのです。

そうして様々な方法で仕事をしていると、実際は100パターンあるように見えても、大体1から5までのどれかに当てはまったり、「あの時のこのパターンに似ているな」と、気づくことが増えていきます。

スタートからゴールまで、一直線に行くことができればいいのですが、そう簡単にはいかないものです。しかし、あらゆるパターンに取り組むと、色々なルートがある中で、最短距離を行くことができる思考回路ができてきます。補正能力がつくというやつです。

それはサッカーとすごく似ていて、勝つために相手が色々と仕掛けて、手を打ってきたとしても、「これはこう見えて、あのパターンだな」と、本質を最短距離で見極めることができるようになります。

「木を見て森を見ず」という言葉がありますが、内側からの視点だけで見ていると、全体が見えないこともあります。たとえばアリは小さいので、少しの範囲しか見えていませんが、人間はアリの何百倍もの範囲を見ることができます。

何事も俯瞰的に見ることが大切なので、日頃から意識的にものを見るようにしています。

物事を内側、外側と両方の視点で見ることで、関わっている人がどういう立場で、どういうマインドで動いているかが見えてきます。そうすると、どのようにコントロールすればいいかなどのイメージが湧いてきます。

それは仕事だけでなく、サッカーの試合にも共通する考え方です。

仕事の場合は、ステークホルダーや取引先、社内体制の整備など、一つの事を成し遂げるために、どうすれば最短で行くことができるかを考えます。その辺りはサッカーと結びついているような気がします。

こだわりを持って仕事をしていると、視座が上がっていき、上の層に届くようになります。仕事をしていて、上の層の人たちと知り合いたくても、最初はなかなかたどり着けないものです。でも諦めずにやっていると、気がつくと上の層に入っているというか、人が人を呼んできてつながりができ、ステージが上がっていく感覚があります。

明治の監督になった経緯も、それに似ています。大学サッカーに関わり始めた当初は、まさか自分が伝統ある明治の監督になるとは思ってもいませんでした。

一生懸命やってきた過程、残してきた結果があって、いまの自分があります。タイトルをいくつも獲得し、プロ選手をたくさん輩出してきましたが、満足したらそこで終わり。成長は止まってしまいます。そう考えて、階段をひとつずつ上がっていきました。

明治に入ってくる選手は「明治発、世界へ」を視野に入れて、サッカーに取り組んでいます。私もその想いは同じです。指導にゴールはありません。だからこそ面白いのです。卒業していった選手たちは、親元を離れた子どものようなものです。私自身、子離れしない親になってはいけないと思っています。

卒業したら、私のところにあいさつに来なくていいと言っています。活躍している姿を遠くから見て「頑張っているんだな」と思うだけです。

指導のスタートは少年サッカー

いまでこそ明治大学の監督を務めていますが、指導のスタートは少年サッカーでした。2005年、神奈川県横浜市にジュニアとジュニアユースのクラブ『パルピターレＦＣ』を立ち上げました。

当時の私は社会人でサッカーをしていました。息子もサッカーをやっていて、少年団に送りに行く時に、自分も試合があるのでサッカーの格好をしていたら、保護者の人から「栗田さん、サッカーをしているんですよね。コーチが遅れて来るみたいで、少しの時間でいいので子どもたちを指導してくれませんか」と言われました。

それまでの私は、自分の子どものサッカーに携わるイメージがなく、指導者になる気もありませんでした。とはいえ、面と向かって頼まれてしまい、断るのもおかしな話だと思ったので「いいですよ」と言って、子どもたちと一緒に遊びながらボールを蹴りました。自分もまだ動けたので、プレーで手本を見せることができたわけです。

そうすると、子どもたちがすごく食いついてきました。結果として、ボランティアでチームを手伝うことになり、徐々に強くなっていきました。試合にも勝てるようになり、チームに活気が出てきました。

そこで子どもたちに「君たちは将来、どうなりたいの?」と聞いたら「プロになりたい」と言います。私は子どもたちに向かって「そうか。でも、いまの取り組みでは難しいかもしれないよ」と言いました。

なぜかというと、少年団の練習は週に2回しかなく、ほとんどの子どもたちがリフティングも100回ほどしかできなかったからです。

さらには、少し過保護な面も見受けられました。グラウンドを整備するのもお父さんで、砂のグラウンドで転んだ子がいたら、お母さんたちがグラウンドに入ってきて、抱きかかえて手当てをしていました。

その様子を見て「もっと子どもたちが自主的に取り組むようになってほしい」と感じ、自分がやるしかない、ここに清水を作ろうという気持ちが湧いてきました。

そして自費でゴールを買って後輩に声をかけて、クラブチームを立ち上げました。最初はジュニアを立ち上げ、後にジュニアユースも作り、15年ほど続いています。当時は30代半ばで、完全に勢いでした。

以前は指導現場に立っていましたが、明治大学に関わるようになってからは、別の人に任せています。ときおり、顔を出す程度です。ジュニアとジュニアユースを指導したことが、結果として明治大学につながったので、人生何がどこでつながるのかわからないなと思います。

卒業生が全国の舞台で活躍

立ち上げ当初のパルピターレ・ジュニアユースは、中学生で初めて本格的にサッカーをするような子たちが入るようなクラブでした。

中学3年間でたくさん練習をして、少しでも上達して、サッカーを楽しんでほしい。その一心で指導をしていました。

ある年に、パルピターレから清水エスパルスユースに進むという快挙を成し遂げた子がいました。なんと彼は、清水ユースでキャプテンを務め、クラブユース選手権で優勝したのです。それが、流通経済大学に進んだ、齊藤聖七です。

さらに、２０２０年の「#atarimaeni CUP」（インカレの代替大会）で、明治は2回戦で東海大学にＰＫ戦で負けたのですが、その試合でゴールを決めた佐藤颯人は、パルピターレ出身です。試合会場であいさつに来てくれて、「頑張ってるな」と声をかけました。

クラブチームを立ち上げたきっかけがあります。実家は家業をしていたのですが、私が28歳の時に父が事故で亡くなったんです。

父と付き合いがあった人から、生前の話を聞く中で、「人間、いつ死ぬかわからない。自分は世の中に何を残せるのだろう」と考えました。

会社員として大きな会社に勤めているので、会社の看板はありますが、一個人として勝負した時に、何ができるんだろう。そこで、やっぱり自分にはサッカーしかないと思い、それがクラブを立ち上げることにつながりました。

清水出身の自分が、横浜という何の地縁もない場所でクラブを作り、どこまで勝負できるか。自分へのチャレンジでした。

育成年代の子たちを指導した経験は、大学サッカーの指導者になってものすごく生きています。パルピターレに入って来る子たちはエリートではないですが、明治に来るのは経験や実績を持った子たちです。

しかしサッカーに対する考え方や情熱などは、エリートではない子の方が持っていることもあります。そういう姿を見て、明治の選手たちにもハングリーさを求めたりと、刺激を受けることはたくさんあります。

ルーツはサッカー王国清水

私は静岡県の清水市（現・静岡市清水区）の生まれです。父親が清水東高校の出身で、全国大会で初優勝した時のメンバーでした。

サッカーに対する熱の強い地域でしたので、父親の影響もあってサッカーにのめり込みました。

小学校低学年の頃から、週末になると父親に連れられて、清水東の試合を見に行く日々。愛媛県松山市で開催されたインターハイでは、現地で清水東の優勝を見届けたこともあります。

その年の高校選手権の決勝戦は、清水東対古河一高（茨城）でした。1対2で清水東が負けてしまったのですが、当時の古河一のキャプテンが、流通経済大学で長く監督をされている中野雄二さんでした。清水東には澤入重雄さん、望月達也さん、反町康治さんなど、そうそうたるメンバーがいました。

後に私が明治の監督になり、松本山雅ＦＣと練習試合をしたときのことです。当時の反町監督に「お前、東高だよな？」と言われました。

私は「はい。反町さんが現役の時、見に行きましたよ」と言って、「当時のゴールキーパーは膳亀（信行）さんで……」と、右サイドバックから全ポジションの選手の名前を言ったら「お前、すごいな」とあきれられました（笑）。

そのときに、「当時、東高の選手はみんな『ボンロク』のスパイクを履いていましたよね」と言うと、「昔の子って、そういうことをよく覚えているよな」と感心されました。

ご存知の方もいると思いますが、かつてアシックスに『ボンバー66』というスパイクがありました。略して『ボンロク』です。表面が布のような素材でできていて、すごく蹴りやすいんです。清水の人間の大半はボンロクを履いていたと記憶しています。

ただし、素材が布のようなものでできているので、すぐに破れます。危ないので、公式戦で使用禁止令が出たこともありました。当時のスパイクの中では安かったので、10足ぐらいまとめて買って、破れたら新しいのを履いていました。ある日、ボンロクが廃番になると聞いて、大量に買った記憶があります。

清水東の先輩は、私にとってスターでした。みなさんに憧れの眼差しを向けていたのですが、なかでも好きだったのが望月達也さんです。

小学生の頃は達也さんの蹴り方、立ち方を真似していました。私の目にはダントツで上手な選手に映りました。高校卒業後、オランダに行ったという話を聞いて、それもかっこいいなと憧れました。

父親の影響もあり、清水東高校に入ることが、小学生の頃からの夢でした。その夢は叶ったのですが、もうひとつの夢である「国立の舞台に立つこと」は叶いませんでした。

当時のライバルは清水商業。三浦文丈や藤田俊哉などを擁し、高校選手権で全国優勝を果たした強豪です。

高校時代の恩師は勝澤要先生です。勝負に対するこだわりがとても強い方で、練習には常に張り詰めた緊張感が漂っていました。清水東の先輩はユース代表（年代別日本代表）に選ばれている、ハイレベルな選手たちばかり。勝澤先生は何も言わずに、選手たちのプレーをじっと見ているんです。トラップ一つするのにも緊張するような、あの空気はたまらないものがありましたね。

チームとして本気で全国優勝を目指す集団で、隙がありませんでした。私が明治の監督になったときに、「あのときの清水東のような集団にしたい」と、真っ先に思いました。

本気の集団の雰囲気は、いまの明治にもあると思います。自分が上手い下手、試合に出られる、出られないではなくて、自分の本気をぶつけられる場所があれば、人は成長します。一方で、少しでも浮ついた気持ちや邪念があると、チームの矢印は違う方に向いてしまいます。

全員が集中して同じ方を向いていたら、自分が試合に出る、出ないは関係なく、その環境に身を置くことが面白くなります。結果、その中でベストの11人が試合に出るわけで、心から応援することができる。明治は、そういう集団にしたいと思っています。

第5章

大学サッカーの未来

スポーツMBAに通う

2018年に、早稲田大学の『スポーツMBA エッセンス』という講座に通いました。目的はスポーツビジネスを学ぶことと、知見を広げるためです。

今後のキャリアを考えた時に、私はJリーグの監督を目指すわけでもなく、どちらかというとマネジメント寄りの人間なので、スポーツビジネスについて勉強したいという思いがありました。

スポーツMBAでは、早稲田大学のスポーツビジネスの第一人者、原田宗彦教授のもとで学ばせていただきました。私は2期生で同期は40人ほど。スポーツをテーマにしたビジネススクールで、スポーツが好きな人たちが集まっていました。

スポーツMBAは月曜日の夜に講義があり、半年間受講しました。グループでプレゼンテーションをしたり、アメリカに視察にも行きました。

アメリカでは、スポーツ施設を基軸とした街づくり、再開発の現場を視察し、大いに刺激を受けました。

日本の場合、サッカークラブはサッカーだけというのが一般的ですが、アメリカはサッカーとバスケットとアメフトといった形で、複数のスポーツクラブを保有することに加えて、スタジアムやアリーナなどの施設を持ち、インターネット放送やローカルのケーブルテレビなど、メディアまで持っている団体があります。

大学スポーツも視察しました。ＮＣＡＡ（全米大学体育協会）はアメリカンフットボールやバスケットボールが盛んで、一つのビジネスとして成り立っています。

たとえばジョージ・ワシントン大学は学力も高く、そこでスポーツをする学生の価値も非常に高いです。日本との文化の違い、大学のお金のかけ方の違いを感じるなど、非常に有意義な体験になりました。

やはり、居心地の良い場所にとどまっていてはいけない。外に出て見識を広めることはとても大切なことだと感じました。

アメリカ視察から帰って来て、成田空港から、明治のキャンプ地である静岡県の藤枝に直行したのも良い思い出です。

現職とスポーツビジネス

私は会社員として、２０１９年からスポーツビジネスの仕事をしています。それまでは営業畑を長く歩んできました。役員の秘書も経験しました。

私の勤務先は建設会社なので、主な業務はビルを建てたり、施設を作ることです。

近年はスポーツに投資する機運が高まってきています。サッカーも野球も、新たなスタジアム、野球場、アリーナなどを作る計画が、次々に立ち上がっています。

たとえば、北海道日本ハムファイターズが北広島市に新球場「北海道ボールパーク」を作っているのですが、それもスポーツビジネスの一部で、クラブを中心に、周囲に円を描くようにスポーツ産業があります。

スポーツとビジネスが両輪になって一緒に走っていかないと、長期的な成功を収めることはできないのではないか。私はそう考えています。

私のいまの仕事は、クラブから「スタジアムやアリーナを作りたい」「街づくりをしたい」という要望に対して、実現するための手法を考えることです。

箱を作って終わりではなく、あるクラブの社長からは、クラブのビジョンを一緒に考えてくれないかという依頼もありました。

Jリーグのクラブが「自前のスタジアムが欲しい」と思っても、クラブにお金があるわけではありません。スタジアムを作るために投資した人達、たとえば行政にしても持続化していくために、スタジアムを使って収益をあげる必要があります。

かつては国体のためにスタジアムを作るということもできましたが、現代は複合的にお金を稼ぐスタジアムが求められています。それを実現させるために、どうすればいいかということを仕事として手掛けています。

社団法人を設立する

2020年に『一般社団法人 明大サッカーマネジメント』（MSM）を創設しました。これは、明治大学サッカー部が抱える課題を解決するための組織です。目的はサッカー部の活動における、学生およびコーチングスタッフのサポート。卒業生のマネジメント、地域貢献活動といった、サッカー部を取り巻く環境をより良くするための組織です。

明治大学サッカー部は学校から資金面のサポートを受けていますが、サッカー部の活動にかかる費用の多くを学生および保護者が負担しています。

コーチングスタッフの体制も含めて、組織づくりをより強固なものにするために、いままでとは違った方法でサッカー部をサポートできないか。そう考えて、この組織を作りました。

大学とは1年に1回、強化についてのヒアリングをしていました。指導現場の状況はこうで、指導者の賃金、学生の活動費用がこれぐらいかかり、抱えている課題がこのようなもの

昨年、明治大学サッカー部を今までとは違った方法でサポートするために社団法人を設立

で……という話し合いをしてきました。

その中で、「別の組織を作って、サッカー部をサポートできるのではないか」というアイデアが湧いてきました。

そこで学校関係者を始め、明治大学サッカー部・総監督の吉見章さん、OB会会長の三輪昭二さんなど、多くの方に相談させていただき、『一般社団法人 明大サッカーマネジメント』（MSM）を創設することとなりました。

MSMの事務局長を務める松村憲和さんとは、早稲田のスポーツMBAで知り合いました。結果として、スポーツMBAがMSMにつながる部分はたくさんあります。

社団法人として、サッカー部をサポートする組織ができましたが、もっとも大事なのは、サッカー部はこれまでどおりの活動を行うこと。何も変わらないことです。

サッカー部がビジネス寄りになってしまってはいけないので、これまでと変わることなく、実直かつ誠実に活動していきます。

それを周りがサポートするという形になるのですが、学生の立場からすると、何もしなくてもサポートしてくれるとなると、感謝やありがたみが生まれにくくなります。

そこで2020年のキャプテン、須貝英大（ヴァンフォーレ甲府）にビジョンを考えてもらいました。なぜかというと、学生が自分たちで発信したものに対して、周りがサポートする形にしたかったからです。

学生が主体となって発信することによって、自分ごとになり、責任が生まれます。そのようにして初めて、大人を巻き込むことができるのではないかと考えました。

目標に向かって一生懸命活動しているサッカー部の学生を応援するのが、この組織です。OBにプロ選手が増えてきたのも、MSM創設の理由のひとつです。代理人やエージェントといった方々はすでにいるので、税務や法律、セカンドキャリアまでサポートできる組織にしたいと思っています。

OB会はいまのまま維持し、何も変わりません。MSMは新たに、外部からサポートする団体というイメージです。

MSM創設にあたり、多くのスポンサー企業の皆様が協賛してくださいました。サッカー部出身ではなくとも、明治大学出身の方や「明治が好き」という人に協力していただきながら、組織を作っていくことができればと思っています。

もう一つの目的はサッカーを通じた地域貢献です。

『明治メソッド』の小学生、中学生版を作り、各地域に組織を作ってフランチャイズ化することも、将来的にはチャレンジしていきたいです。

これまで培ってきたものを教育プログラムや社内研修に用いたり、サッカーを通じた健康の増進、トレーナーやフィジカルコーチのノウハウを使って、高校のサッカー部をアシストするなど、様々な形で地域貢献できるのではないかと考えています。

大学スポーツの先駆者となる試み

ＭＳＭは社会と様々な形で関わりながら価値を提供し、明治大学サッカー部の価値を高め、ブランドを確立していくことも目的としています。

ゆくゆくは横展開して、明治大学の他の部に派生させたり、日本の大学スポーツにＭＳＭとして貢献することができればと思っています。

ＭＳＭは学校の理事会で承認していただいて、社団法人に「明大」という名前が入っています。これは他にはないケースだと自負しています。日本では初めてに近いのではないでしょうか。

私はＭＳＭの理事になっていますが、メインはサッカー部の監督です。そのため、いままでと変わらず、サッカー部の指導を全力で行います。

そうしないと選手もわかりにくくなりますし、サッカー部がしっかりしていないとＭＳＭの価値も落ちます。サッカー部を常に向上させていくことが、ＭＳＭの価値を上げることにつながると思っています。

繰り返しになりますが、すべての活動は学生のためにあります。MSMは、学生のスポーツ環境をより良くするためのものです。

明治大学には100年の歴史があります。歴史と伝統あるサッカー部を引き継ぎ、新たな取り組みにチャレンジするのは、簡単なことではありません。大変なこともありますが、私としては「恣意的にやっていなければ大丈夫」という気持ちでいます。

自分の評価、メリットのために動くのではなく、すべては学生のためという気持ちを持っていれば、何を言われても毅然とした態度でいられると思っています。

私利私欲ではなく、学生のため。それは亡くなられた井澤総監督も、現総監督の吉見さんも同じです。これが、明治大学サッカー部に連なるマインドだと思っています。

『一般社団法人 明大サッカーマネジメント』(MSM)

ビジョン

「明治発、世界へ」

①日本で一番強くて面白いサッカーを体現する
②明治のサッカーを通じて感動・笑顔・元気を届け、人々の活力、社会の活性につなげる
③世界に羽ばたく人材を育成し、未来に貢献する
④明治のサッカーからスポーツの価値向上を発信する
⑤次世代の者たちに夢と希望、安心を届ける

設立趣旨

①明治大学体育会サッカー部が永続的に大学サッカー界、大学スポーツ界をリードする存在であるようにサポートする。
②明治大学体育会サッカー部が活動理念(スローガン)に沿って、活動を維持し、強くて優秀な人材を輩出する活動ができるようにサポートする。
③明治大学体育会サッカー部に所属する学生の負担(費用)を軽減し、志の高い学生が入部できる環境を整備する。
④学生を指導するスタッフ、運営スタッフが心置きなく安心して従事できる環境を整備する。
⑤社団法人の存在により明治大学体育会サッカー部の価値を高めるとともに、明治大学のブランド力向上、価値向上につなげる。

課題

継続的な組織づくり、学生のサポート

大学サッカーは試合数が多いです。トップチームは年間40試合、セカンドチームは30試合。年間70試合の公式戦があります。関西で開催される大会もあり、遠征や合宿などの活動資金がかかります。

サッカー部が良い活動ができているのは、スタッフの皆が明治を良くしていこう、学生のために良いサポートをしたいという強い想いを持ち、様々な犠牲を払いながら活動してくれている部分が大きいです。

2021年の創部100年を経て、10年後20年後、50年後も右肩上がりで成長していく組織になるためには、この灯を一時的なものにしてはいけません。積み重ねてきたものを、継続していくことのできる組織にしたいと思っています。

チームとしては、2005年に関東大学サッカーリーグ1部に昇格以降、5回（全6回）優勝しています。総理大臣杯は5年連続で決勝進出、優勝は3回。全日本大学選手権（インカレ）も、2019年を含めて3回優勝しています。学生たちが頑張っている、その姿を支

えていかなければいけない。そして永続的に発展する組織をつくっていく。それが大きな課題です。

OB選手のサポート

海外も含めて、卒業生の約65人がプロとして活動しています。彼らに対して、法律や税務、よろず相談、体のケア、プレーのアドバイス、セカンドキャリアの支援など、様々な角度からサポートする体制を作りたいと考えています。

選手として引退した後に、企業に就職したり、起業する人も出てくるでしょう。そこでビジネスマナーの習得や資金面のサポート、ステークホルダーとのマッチングなど、セカンドキャリアの第一歩を踏み出すためのサポートもしたいと思っています。

大学サッカーの認知拡大、価値向上

Ｊリーグや高校サッカーは人気がありますが、大学サッカーの知名度はそこまでとはいえません。大学サッカーは高校サッカーやＪユースの選手たちがしのぎを削る、大変面白いカテゴリーです。

各大学も様々な取り組みをしています。Jリーグに行く直前の選手たちが同じチームでプレーし、対戦相手として日々戦っています。この魅力を、もっと多くの人に知っていただきたいと思っています。

さらに申し上げるならば、大学サッカーの価値、認知度を向上させることは、学生の成長にもつながると思っています。

ここに挙げた課題を解決するために、『一般社団法人 明大サッカーマネジメント』（MSM）を設立しました。明治大学サッカー部が永続的に成長を続け、大学サッカー界をリードできる存在になれるようにサポートする組織です。

明治大学の中に、明治大学サッカー部があります。サッカー部はいままで通り質実剛健に、全力を尽くして純粋にサッカーに向き合い、人間形成とサッカーの向上を目指していきます。その取り組みが変わることは一切ありません。

これまでサッカー部の活動は、部費と学校から支援いただいている強化費で賄っていましたが、その負担を軽減するためにMSMを設立し、独自の活動をすることで得た資金を、サッカー部のサポートに当てていきます。

OB会はいままでと変わることなく、活動を継続していき、サッカー部を支援していきま

「2050年にサッカー部がどうありたいか」を考えた案を発表した
2020年度キャプテン・須貝英大

す。必要に応じて、MSMと連携する関係を構築していくことが大切だと考えています。

事業内容

OB、プロ選手マネジメント、セカンドキャリア、スポンサー、サポーターズクラブ運営、商品グッズ販売、講演活動、青少年育成という7つの事業を中心に展開する。

MSMは学生支援が目的の組織です。そこで学生に『明治ビジョン2050』を考えてもらいました。

明治ビジョン2050

2050年
明治大学体育会サッカー部が
どうありたいか？

「サッカー」と「人間形成」を追求し続ける。
最上級まで極めることで、個人の成長と組織の成長につながり、
大学サッカーの価値向上に貢献する。
そして、最大限に大学サッカーの認知度を高め、日本サッカー界、
スポーツ界に発信し続ける存在となる。

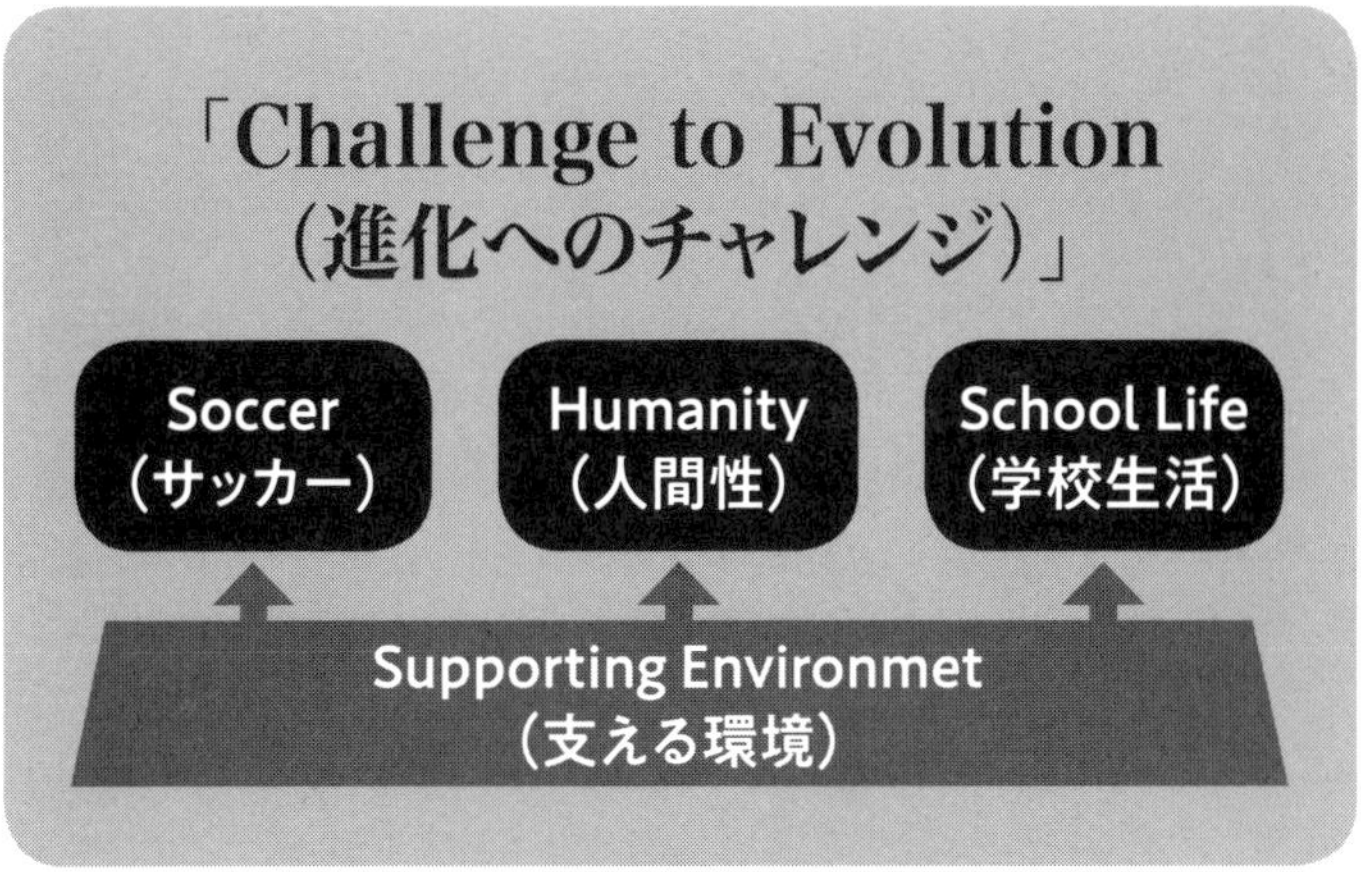
「Challenge to Evolution
（進化へのチャレンジ）」
Soccer
（サッカー）
Humanity
（人間性）
School Life
（学校生活）
Supporting Environmet
（支える環境）

満員の
お客さんの前で
プレーしたい！
進化へのチャレンジ
専用スタジアム
の建設に
つながれば…
Soccer
●プロに勝つ→天皇杯優勝
●大学サッカーでの頂点を目指す
●日本代表への選出
●海外トップクラブとの交流
Humanity
●応援される存在を目指す
人間性、行動、言動の追求
●大学サッカーの価値向上
●地域への貢献（地元に愛される、子供たちの憧れの存在）
School Life
●一般学生への認知度向上
（環境、取組み、PR）
●世界で通じる語学習得
●優勝パレード・報告会など
●TOP・アカデミー組織を形成
変えてはいけないもの
●関東1部リーグに居続ける
●全員が自分の立場に関係なく主体性を持って日々全力で取り組む
●ピッチだけでなく、運営・応援含め大学サッカーの見本となる存在を目指す
●明治大学体育会サッカー部はプロの養成所ではなく人間形成の場である

大学サッカーの聖地を作りたい

以上がＭＳＭの活動と明治ビジョン２０５０についてです。

私には夢があります。それは大学スポーツ専用のスタジアムを作ることです。スタジアムの近くに各大学のモニュメントを設け、その施設に行くと、大学スポーツのすべてがわかるものを作りたい。全国の高校生がここに来れば、各大学の取り組みを知ることができ、スポーツの内容、レベルもわかるような施設です。

高校サッカーは日本テレビさんが、全国高校サッカー選手権をサポートし、多くの注目を集める存在になっています。

大学は高校サッカーで活躍した選手、Ｊユースの選手、プロに進む選手など、レベルの高い選手が無数にいるにも関わらず、注目度に乏しい現状があります。

ポテンシャルは十分あるので、サッカーに真剣に取り組んでいる学生の、お披露目の場があってもいいのではないか。その想いは年々強くなっています。

そのためにも「大学スポーツと言えば〇〇」という施設を作りたいという夢があります。

そのような施設があると、アメリカの大学スポーツのように、マネタイズすることもやりやすくなるのではないかと思います。

競技力というソフト面は年々高まってきているので、スタジアムなどのハード面に力を注ぐことが、今後の大学サッカーの発展につながると思っています。

次世代につなぐ

将来的には、次世代の後任を見つけることも視野に入れています。ひとりの人間が長く監督をすると、周りのスタッフや選手も、私の価値観に忖度しだすようになります。

35歳ぐらいの世代のコーチだとOB会ともつながりますし、Jリーグを選手として経験し、引退して指導の道に入った人もいます。

人格者で世界が視野に入っている人と2、3年、監督とコーチの関係で指導をして、引き継ぐといったこともイメージとしてはあります。

フリーランスとして高体連やクラブユースを回ったり、世界のサッカーを見に行くこともしてみたいです。

「明治発、世界へ」を掲げているので、バイエルンやリバプール、バルセロナのような世界のトップクラブを見に行って、明治大学と交流する関係を作りたい。

高体連やクラブユースを回って、明治に合う選手をスカウトすることもしたいし、明治でやっていることを高校年代、中学年代、小学生年代に落とし込んだ時に、どうなるのかにも興味があります。

さらには明治大学サッカー部の上部組織を作って、Jリーグを目指せないかなど、イメージはたくさん持っています。

大学には学生というサポーターがいるので、アメリカのNCAAのように、自前のスタジアムを持つことができたら面白いなと思います。

明治発、世界へ

毎年、明治からプロになる選手がいますが、一貫して彼らに伝えているのが「世界で活躍する選手になれ」ということです。

長友や室屋のように個性を発揮して、世界の舞台でプレーしてほしい。それが私を含めたコーチングスタッフの願いです。

Jリーグで活躍し、世界に出ていくまでの過程で、どうやってレギュラーをつかむか、チームの中で生き残っていくかなど、様々な壁にぶつかります。

そのたびに、目標に向かって自分をコーディネートしていく考え方や心が重要になってきます。

それこそが、明治の4年間で培ってきたものです。

多少のことでへこたれない。環境が悪くなっても逃げない。自分に矢印を向ける。人のせいにしない。そういった精神的なタフさは、目標を達成するためには必要なものです。

たとえば試合に出られないとき。「あの監督はわかってない」「自分とは考えが合わない」と言うのではなく、そういうときこそ自分を変えるチャンスです。

文句を言わずに、監督が求めていることを理解し、コミュニケーションをとり、自分を主張して道を切り開いていく。そうすることで評価が上がり、人間としても成長することができます。

かつて私は、亡くなった井澤さんと、毎日のように語り合っていました。

我々はサッカーマンで、サッカーに育ててもらってここまで来ました。

根っこにあるのが「日本サッカーのため」という想いです。その一環で人づくりをしています。

大学サッカーに携わる、最上位の感情は「日本サッカーの発展のため」です。

日本サッカー界には「ワールドカップでベスト4に入る」という目標があり、その先に

「ワールドカップで優勝する」という悲願があります。

私としても、明治大学サッカー部としても、日本サッカーがワールドカップベスト4、そして優勝にたどり着くためにどうすればいいかを、日々追求しています。

大学サッカーというカテゴリーから、どのような選手をプロに、そして日本代表に送り込むか。選手育成の視点でその部分に力を注ぎ、情熱を傾けています。

指導者が、どれだけの熱量で選手に向かっていくか。結局はそこが大切なのではないでしょうか。

2020年のキャプテン、須貝英大がチームメイトによく言っていました。

「栗田さん以上の熱量でやらないと勝てないぞ」と。

その情熱がなくなったら、指導から退く時だと思います。

明治大学サッカー部は質の高い選手に恵まれ、学校の協力もあり、素晴らしい環境でサッカーをすることができています。

そして、さらなる発展のためにMSMを作りました。

今後の私のテーマは「次代の若い指導者に、明治大学サッカー部をどうやって引き継いでいくか」です。

とはいえ、いまだ指導に対する情熱は衰えてはいません。

その日が来るまで、精一杯、選手たちと切磋琢磨したいと思っています。

第6章

特別対談

中村帆高（FC東京）×蓮川壮大（FC東京）

佐々木則夫（元サッカー日本女子代表監督）×栗田大輔

中村帆高×蓮川壮大

明治大学ＯＢ対談

２０１９年度に明治大学を卒業した中村帆高選手と、２０２０年度卒業の蓮川壮大選手。ＦＣ東京でプロキャリアをスタートさせた二人に、明治大学での思い出や栗田監督とのエピソードについて語ってもらった。

中村帆高
(なかむら ほたか)

1997年8月12日生まれ。神奈川県出身。横浜F・マリノスジュニアユース追浜、日本大学藤沢高校を経て、明治大学に入学。3年次からスタメンで起用され、総理大臣杯優勝に貢献。4年次にはユニバーシアード日本代表にも選出された。2020年FC東京に加入。プロ入り1年目はリーグ戦28試合に出場した。

蓮川壮大
(はすかわ そうだい)

1998年6月27日生まれ。東京都出身。FC東京U-15深川、同U-18出身。高校3年次は主将を務め、日本クラブユース選手権とJユースカップの2冠を達成した。明治大学に入学後。3年次のインカレ決勝で決勝ゴールを挙げて優勝に貢献し、大会MVPにも選出された。2021年FC東京に加入。

――大学時代のお互いの印象を教えてください。

中村　壮大は先輩から可愛がられる存在で、同期の中ではリーダーシップを発揮していた印象があります。

蓮川　帆高さんの印象は「超ストイック」です。サッカーに向き合う姿勢はもちろん、ピッチの中では100%全力で、ピッチの外では体のケアや練習前の準備などもしっかりやる。お手本のような選手でした。

中村　自分からすると、別にストイックとは思ってはいないんですよ。当たり前にやっているだけで。

蓮川　いや、めちゃめちゃストイックですよ。

中村　よく「意識高い」とか言われるんですけど、自分としてはあまりそうは思っていなくて……。まあ、そう見られるのは悪いことではないので、別にいいかなと思っています（笑）。

――サッカー選手として、お互いはどんな選手ですか？

中村　壮大は体格に恵まれていて、足も速い。身体能力を存分に活かして、球際に強く、センターバックとして戦える選手です。大学時代、自分はサイドバックで壮大がセンターバックだったのですが、守備の最後の砦として、いてくれて助かる選手でした。

蓮川　帆高さんはとにかく1対1に強くて、抜かれない選手。大学時代、相手に抜かれたところをほとんど見たことがありません。足が速いので、多少ポジショニングが悪くても、追いつくことができる。ＦＣ東京に入って練習をしたときも、サイドでの1対1に強くて抜かれないので、最強のディフェンダーですね。

――中村選手は日大藤沢高校（神奈川）出身で、蓮川選手はＦＣ東京Ｕ-18の出身ですが、明治大学に入るきっかけは？

中村　もともと、自分は高校でサッカーを辞めるつもりでした。高校の監督からは「大学でも続けたらどうだ」と言われたんですけれど、大きなケガもして、高校で燃え尽きた感がありました。同級生に明治大に進学する人がいたのですが、高校の監督が推薦してくれたらしくて、自分も一緒に練習に参加することになりました。その一週間後にセレクションがあって、記念受験のような感じで参加したところ合格したのが、明治大に入ったきっかけです。

蓮川　僕は、FC東京U‐18の先輩に安部柊斗選手と佐藤亮選手（ギラヴァンツ北九州）がいて、その二人が明治大に進んでいました。二人から話を聞く中で、自分の良さを出せるチームだと思ったことがきっかけです。FC東京U‐18から明治大に行って、プロになった選手も多くいました。自分としても将来はFC東京に戻って、プロになりたいと思っていたので、明治大に進むことに決めました。

――明治大学サッカー部に入部して、どのような感想を持ちましたか？

中村　明治大のサッカー部には、全国から有名な選手が集まってきます。自分もその一員になったわけですが、高校時代はまったくの無名選手でした。1年生だけで練習をしたときに、周りの選手はうますぎて、すごいところに来てしまったと感じた記憶があります。

蓮川　僕も帆高さんと同じで、大変なところに来たなという気持ちと、ここでレギュラーになって試合に出ることができたら、プロに近づくのだろうなと想像できました。高校時代に練習参加したときも、先輩たちがみんなうまくて、速くて、強くて、何もできなかった記憶があります。それもあって、この大学で成長できるなと思いました。

――明治大学は練習が朝6時から始まりますが、全体練習を朝に行うことについては、どう感じていましたか？

中村　練習は基本的にトップチームとセカンドチームに分かれて、朝6時、もしくは8時から始まって、お昼前には終わります。授業を受けたり、身体のケアをしたりと、どうやって時間を使うかに目を向けるようになりました。個人的にも、朝に練習をするのは好きです。自分は授業の他に、身体のケアに意識を向けていましたけど、教養を身につけるとか、頭で考えたり人間的な成長に時間を使わなかったので、プロに入ってからは本を読むことや、何か目的を決めて勉強することに時間を使っています。

蓮川　高校時代は学校が終わって、夕方から夜まで練習する生活をしていました。それだと時間に縛られるというか、自分のやりたい事や日常以外のことはなかなかできませんでした。明治大に入ってからは朝の6時や8時から2時間集中して練習する環境で、終わったあとは各自授業を受けたり、筋トレをしたり、身体のケアをしたり、語学の勉強をしている人もいました。自由な時間が増えたので、学年が上がるにつれて、時間の使い方もうまくなっていったと思います。

――水曜日の練習は体力的にきつかったと思いますが、振り返っていかがですか？

中村　水曜日は「過負荷」と言われる、対人をベースとしたきつい練習でした。だから火曜日の夜は憂鬱でしたよ。「明日、水曜日か……」って。僕らの中には、水曜日を中心に一週間が回っている感覚がありました。「過負荷を乗り越えれば勝ちだぞ！」って。それを乗り越えるのは大変でしたけどね。

蓮川　水曜日が一週間で一番大事な日だと思っていました。水曜日が終わったら、週末には楽しい試合があって、また水曜日に備えるという感じでした。きつかったですけど、あの練習がなければ、いまの自分や明治大はないと思っているので、終わったから言えることですが、やって良かったなと思います。

――明治大学のトレーニングを通じて、どの部分が成長したと思いますか？

中村　僕にとって明治大の4年間は、自分の長所をとことん追求した時期でした。その中で何度も挫折をして、長所を伸ばすだけではだめなんじゃないかと思って、短所を補おうとしたこともありましたけど、自分らしさが出せなくなり、悩んだこともありました。最終的には自分の長所を信じて、いいところを伸ばすことに目を向けました。1対1のプレーや走力、攻撃参加など、自分らしさをとことん追求した4年間だったと思います。

蓮川　僕はユース時代からセンターバックやサイドバックをしていて、明治大に入る前も対人や走力、球際が特徴だったのですが、FC東京のU-18からトップチームに上がれませんでした。そのときに「自分では長所だと思っていたけど、プロの選手からすると、普通ぐらいのレベルだったんだな」と感じました。明治大は対人や個で負けないことを重視しているので、そこを見直してさらに強化することが、選手としての成長につながるのではないかと思いました。もちろん、短所を埋める努力もしましたけど、まずは自分の長所を、誰にも負けないと思えるところまで磨く気持ちでやってきたので、さらに伸ばすことができたと思います。

――お二人から見て、栗田監督はどんな人ですか？

中村　勝負に対して、すごくこだわる人です。栗田さん自身、誰よりも勝ちたい気持ちが強く、僕たちもそれをひしひしと感じていました。栗田さんの熱量を感じて、僕たち選手のモチベーションが上がった部分もあると思います。とにかくサッカーが好きで、選手以上にサッカーのことを考えている、語弊があるとよくないですが、永遠のサッカー小僧というイメージです。

蓮川　熱い人ですよね。帆高さんが言ったように、選手よりもサッカーのことを考えて、すごい熱量で接してくれたので、僕達も負けていられないというか、「栗田さんがこれだけやってるんだから、自分たちももっとやらないといけない」というのは、選手同士でよく話していました。

――監督に言われて、印象に残っていることはありますか？

中村 「どんな時でも謙虚さを忘れるな」ですね。大学4年の総理大臣杯が終わった後の公式戦で、途中交代させられたことがあって、自分としてはもっとやれると思っていた矢先の交代だったので、不満が態度に出てしまったんです。そこで指導を受けて、栗田さんと話をする中で「どんな時でも謙虚さを忘れるな」と言われました。その頃の自分は大学サッカーで日本一を獲って、プロから内定をもらって、慢心があったというか、鼻が伸びていたのかもしれません。そこに改めて気付かされましたし、もう一度謙虚に頑張ろうと思いました。その言葉はプロになったいまでも、事あるごとに思い出しています。

蓮川 謙虚さもそうですけど「学生らしく」というのも、よく言っていたと思います。プロに内定が決まって、明治大を離れてJクラブの練習に参加することもあったのですが、そのときに「アマチュアのいまだからこそ、サッカーに純粋に向き合えることもある。その環境が明治大にはあるから、サッカーと謙虚に向き合おう」と言っていました。栗田さんからはプレー面だけでなく、人間的な部分や、社会に出た時に通用するような人間性、あるべき姿を教えてもらいました

――今後の栗田監督と明治大学に期待することはありますか？

中村　サッカー部は「強い明治」であり続けてほしいです。明治大学はそういう所だと思うので、後輩たちにはその覚悟を持って取り組んでほしい。栗田さんに対しては、変わってほしくないというか、僕たちに接してくれた、そのままの栗田さんでいてほしいです。プロになってからも電話やメールをいただきますが、その関係を大事にして、結果で恩返ししたいなと思います。

蓮川　僕も、変わらずにいてほしいと思います。明治大学は「常勝」というか、常に高いレベルでサッカーを続けてきて、（現行の12チーム制になってから）一度も関東1部リーグから落ちたことがないという歴史があります。今後も勝ち続けていってほしいですし、栗田さんにはそういうチームを作り続けてほしいです。

――明治大学の学生や明治でサッカーをしたいと思う高校生、中学生にメッセージをお願いします。

中村　純粋にサッカーに向き合えるのは、大学の4年間が最後だと思うので、プロになれるなれないではなく、後悔しないように、いまを全力で生きてほしいです。試合に出られる、出られないもありますけど、大事なのは、どういうあり方ができるか。どんな状況に置かれても、日々を大切にして積み重ねていけば、道は開けると思います。OBの立場から言うと、明治大に来て後悔はしないと思います。なんとなく強いからとか、プロ選手がたくさん輩出しているからという気持ちではなく、明治大のサッカー部で試合に出るということは、責任や重みもあると思うので、それを背負う覚悟を持ってきてほしいです。

蓮川　僕はずっとセカンドチームにいて、3年生の時にチャンスをもらえるようになりました。そこからプロになる道が開けたのですが、中学も高校も、最後の学年になってやっと試合に出られるようになった経緯があります。だから、試合に出られない選手の気持ちもわかりますし、辛い思いをした時期の方が長かったので、諦めないでほしいです。いつどんなチャンスが来るかわからないし、チャンスをものにできるかが大事だと思うので、一喜一憂せずに、毎日全力でいい準備をしてほしいです。どんな特徴の選手でも、明治大に来て後悔することはないと思います。プロになる、ならないは関係なく、しっかりとした人間性が養われますし、社会で活躍できる人になれると思います。

――大学時代、印象に残っている試合や大会はありますか？

中村　大学3年生の時に、総理大臣杯で優勝したことです。自分も壮大と同じで、下級生の頃は全然試合に出られなくて、セカンドチームがメインで、少しだけトップチームに上がったりという状況でした。試合に出られるようになったのは3年生からで、初めてサッカー人生で獲得したタイトルが日本一でした。その舞台に立てたことが嬉しくて、あの光景は一生忘れられないですね。

蓮川　大学3年生の時の、インカレの決勝戦（桐蔭横浜大学戦）です。その時の4年生はすごい先輩たちばかりで、私生活からも仲良くさせてもらっていました。尊敬できる先輩たちと一緒にタイトルを獲ることができて、シーズンを締めくくることができて良かったです。サッカー人生の中でも、一番楽しい試合でした。

――明治大学に入ったことで、人生にどのような影響がありましたか？

中村　いまの自分は、明治大の4年間で形成されたと言っても過言ではありません。自分と向き合うことについて、考え、悩み、うまくいかないこともある中で、どうすれば良いかを学びました。自分で自分を理解できるようになったというか、それを社会に出る前の4年間で学ぶことができたのは、すごく価値のあることだと思います。

蓮川　栗田さんはよく「明治大学はプロの養成所ではなく、一人の人間として成長する場なんだ」とおっしゃっていました。一人の人間として、あいさつや落ちているゴミを拾うなど、当たり前のことを当たり前にできるようになりました。練習や試合に、自分のためだけでなく「明治大学のために」という気持ちで取り組むことができたのも、自分がちゃんと大学と向き合ったことに加えて、そのような気持ちにさせてくれる環境があったからだと思います。

——明治大学で学んだことを、どのように活かして、これからプロのキャリアを歩んでいきたいですか？

中村　自分が活躍することで、明治大がもっと注目されると思うので、プロで結果を出し続けることが、栗田さんや明治大へのお返しになると思っています。うまくいくこと、いかないことあると思いますが、挫折は何度も大学で経験しているので、自分を信じてやるだけです。高校、大学でお世話になった人もたくさんいます。もう、自分だけのサッカー人生ではありません。プロとして試合に出て、結果を残すことで恩返しができると思うので、結果にこだわって、ケガに気をつけてやっていきたいです。

蓮川　プロになっても、大学の時とやることは変わらないと思います。サッカーに真剣に向き合い、一喜一憂しないこと。試合に出られても、出られなくても、毎日を全力で過ごし、練習から100％の力でやっていきたいです。ＯＢは明治大の結果を見て、勇気をもらったり、頑張ろうと思うもの。相乗効果というか、明治大の頑張りが自分の頑張りにもつながりますし、自分の頑張りが明治大の学生たちの目標や向上心にもつながると思うので、お互いに頑張っていきましょう。

Kurita Daisuke

佐々木則夫×栗田大輔

明治大学OBとして、世界一に輝いた指導者がいる。それが佐々木則夫さんだ。なでしこジャパンを率いて、2011年にドイツW杯優勝、ロンドン五輪準優勝、カナダW杯準優勝を果たし、「明治発、世界へ」を体現する人物でもある。指導者としての大先輩に、明治のこと、指導のこと、世界で戦うことについて、話をうかがった。

佐々木則夫
（ささき のりお）

1958年5月24日生まれ。山形県尾花沢市出身。帝京高校を経て、明治大学に入学。1981年に日本電信電話公社・電電関東（後のNTT関東→大宮アルディージャ）入社後、選手兼コーチを経て、NTT関東の監督に就任。その後、強化普及部長、ユース監督を務めた。2006年になでしこジャパンのコーチ、08年より監督。主な成績は北京五輪ベスト4、ドイツW杯優勝、ロンドン五輪準優勝、カナダW杯準優勝。2016年になでしこジャパンの監督を退任し、2021年より、WEリーグの大宮アルディージャVENTUSの総監督に就任した。2011年FIFA女子最優秀監督賞受賞。2011年アジアサッカー連盟、最優秀監督賞受賞。

――お二人の出会いを教えてください。

佐々木　2011年にドイツW杯で優勝した後に、栗田君が働いている会社に講演に行ったんだよね？

栗田　はい。W杯で優勝された後に、明治大学OBの会で集まりがあり、その時にご挨拶をさせていただきました。その後に講演をお願いし、お話しさせていただいたことを覚えています。

佐々木　栗田君は仕事をしながら明治で指導をしていると聞いて、大変そうだなと感じましたよ。

――お互いに、監督としての印象はいかがですか？

栗田　何よりも、佐々木さんはW杯で優勝されて、世界最優秀監督賞を受賞した方です。勝ち続けるのはすごく難しいことですし、世界一はどんな景色か、想像もつきません。心から尊敬する指導者です。

佐々木　栗田君は人間的に派手なタイプではないけど、選手を掌握する力を持っている監督だと思います。指導者としての良い背中を持っていると言いますか、一生懸命やっても勝てない監督もいる中で、何かを持っている人材だと思います。

栗田　非常にありがたいお言葉で、自信になります。監督としての私の仕事は、試合での結果を求めながら、選手を成長させること。その両輪を軸に進んでいくことは、常に意識しています。

佐々木　僕も監督になる前は、サラリーマンを長くやっていました。サラリーマンとして経験してきたこと、培ってきたものは、監督としての手法や選手のマネジメントに役立っています。栗田君もそうでしょう?

栗田　おっしゃるとおりで、会社員経験はすごく役に立っています。そこは選手として有名ではない私が、他の監督さんと差別化できる部分かなと思います。監督にはいろいろなタイプがあって、戦術家もいれば、カリスマ性がある人もいます。私はイングランドで言う「マネージャー」のように、チーム全体のマネジメントに注力するタイプだと思っています。

佐々木　監督一人でチームを引っ張っていくのは難しいんですよね。スタッフの協力も必要です。選手にどうアプローチをすれば、自分のイメージが伝わるのかを考えて、自分一人では伝えられないことを、スタッフとともにやっていく。それもマネジメントです。

栗田　私はサラリーマンとして学んできたことを、スポーツの中にどうやって落とし込めるかを考えてきました。その中で、勝ち続けることで実績を作り、周囲からの信頼を得ることができた部分もあると思います。

佐々木　監督のイズムや選手に対する空気感がマッチしていないと、選手が持っているものを自由に発揮するのは難しいんです。良い関係の中でこそ、チームワークが育まれていくというか。言い換えれば、そこがマッチすると、活動が安定していきます。栗田君はその部分を合わせられる監督なので、アベレージの高い活動や環境を作り上げることができているんだろうと思います。

――明治大学の特色やカラーはどう感じていますか？

佐々木　伝統ある明治ですが、カラーは時代ごとに変わっていますよね。変わらないものがあるとするなら、紫紺のユニフォームでしょうか。いまは全国でトップレベルの選手たちが、「明治でサッカーがしたい」という志を持って、入学してくれるようになりました。それは栗田君ももちろんのこと、神川前監督を始めとする先輩方のご尽力あってのことだと思います。

栗田　それはすごく感じています。亡くなられた井澤さん、吉見総監督、神川前監督たちが作ってきたベースがあってこそいまがある。それを忘れてはいけないと思っています。

佐々木　いまの選手たちは頼もしいですよね。僕の学生時代とは大違いです（笑）。各時代の指導者が、明治大学のサッカー部と向き合ってきた結果が、いまにつながっていると思います。

栗田　時代が変わっても、受け継がれるものはあります。私が大事にしているのは泥臭さ、実直さ、前に向かって進んでいくこと。そして、選手の個性を活かしてチームを作っていくところが、明治のカラーなのかなと思っています。

佐々木　僕が学生の頃は、同級生の木村和司を筆頭に個性が強いメンバーが多く、チームをまとめるのに苦労しました（笑）。「個性を活かす」と簡単に言うけど、指導者としては大変ですよね。この選手の個性を認めてあげたいけど、現状のこのチームでは活かしきれないこともあるわけです。その中でアベレージ高く指導して、ここまでの成果を上げている栗田君は、本当に素晴らしいなと思います。

――近年の明治大学の活躍については、どのような印象をお持ちでしょうか？

佐々木　神川前監督からバトンを受けた栗田君は、タイトルを獲りつつ、選手を成長させて、プロを始めとする次のステージへ送り出しているわけです。会社員をしながら、これだけの成果をあげることができる人は、ほとんどいないと思います。というか、僕にはできない。指導者はプロ、アマチュア関係なく、たとえ少年団で子どもを指導するにあたっても、責任が生じます。その選手の将来に関わっているわけですから。

栗田　明治の選手たちは小さい頃からサッカーに全てを注いで、プロになりたいという気持ちを持ってやってきました。そんな彼らに対して、片手間で指導することはできません。全力で向き合って、彼らを4年間で成長させるんだという気持ちで取り組んでいます。

佐々木　大学は社会に送り出すための、最後の期間です。サッカー選手もそうですが、企業に就職することも同じで、次のステージが日本であれ世界であれ、サッカー部での4年間を通じて視野が広がり、人間性が培われていく中で、どんな場所でも輝くことのできる人材を輩出することも、大学としての使命だと思います。

栗田　目標設定と言いますか「目線をどこに向けているか」も大切ですよね。みんな目先の目標は「トップチームに入って試合に出ること」ですが、その先にはJリーガーになる、海外で活躍する選手になる、日本代表になるという目標があります。高い目標から現在の自分を見て、逆算して行動することができるかどうか。そこに意識を向ける環境を作っていきたいと思っています。

佐々木　目標について話をすると、僕自身、なでしこジャパンを預かった中で、「世界一」

という目標を掲げて、到達することができました。栗田君が言うように「どこを目指すか」がすごく大切で、明治の場合は先輩から受け継ぐものや、刺激を得られる環境がありますよね。

栗田　選手自身が高い目標を掲げると、プレーの基準などが変わり、結果として成長速度も速くなっていきます。そのためには指導者が言ってやらせるのではなく、本人がそこに意識を向ける環境づくりが大切なのだと感じています。

――今後の明治大学サッカー部と栗田監督に期待することはありますか？

佐々木　これだけ毎年タイトルを獲っているので、常に優勝しなければいけないというプレッシャーはあると思います。まだ若い栗田君ではありますが、勝つためのツボを知っているというか、雰囲気、力量を持っているので、現状に満足せず、チャレンジ精神を持って、チームを向上させていってほしいです。あと、大学で獲っていないタイトルは天皇杯ぐらいだよね？

栗田　はい、そうです（笑）。

佐々木　2、3回、ジャイアントキリングをすれば達成できると思うので、ぜひチャレンジしてください。

栗田　天皇杯、頑張ります。佐々木さんご自身は、ワールドカップで世界を獲った後の目標はどうしていましたか？

佐々木　継続して自分を高めていく事って、実はとても難しいことなんです。大学の場合、選手たちは4年で卒業して、新たな選手が入ってきます。この選手たちをどうやって成長させよう、どうやってタイトルに導いていこうかと考えて、エネルギーが湧いてくることもありますよね。

栗田　はい。毎年4年生が入れ変わることで、チームの雰囲気も多少変わります。

佐々木　なでしこジャパンのときは、長く同じチームを率いて、大きな目標を達成することにチャレンジしてきました。そして2011年のドイツW杯優勝、2012年のロンドン五輪で銀メダル、2015年のカナダW杯で準優勝と結果を残してきたわけですが、ロンドン五輪が終わってカナダW杯に向かうときに、どうやってモチベーションを維持するかに難しさを感じました。

栗田　そうでしたか。

佐々木　時には自問自答して、「あれ？ ちょっとパワーが落ちてきてないか？」と思うこともありましたが、「W杯で連覇するぞ」という強い気持ちがモチベーションになり、自分を奮い立たせることができました。

栗田　やはり、大きな目標が力になるのですね。大学は2月からシーズンが始まり、1月はオフです。その間は休みなのですが、2月から始まる新シーズンに対して、様々な準備をします。選手に対して何を発信するか。どういう言葉を使うか。コンセプトはどうするか。新チームの最初のミーティングにたくさんのエネルギーを使い、選手たちに落とし込むことに注力しています。1月はオフなのですが、なかなか気持ちが休まりません。

佐々木　サラリーマンとして仕事もして、サッカーにもそれだけ熱量を持って取り組むとなると、家庭は大丈夫なんだろうね？

栗田　今度はそちらの方のアドバイスもよろしくお願いします（笑）。本当に感謝しかないですが、私の場合、家族が試合を見に来てくれるんですよ。

佐々木　それは、奥さんが理解力のある方だから、見に来てくれるんですよ。これからも、サッカーに仕事に家庭に、頑張ってください。私も大宮で新たなチャレンジを頑張ります。

栗田　佐々木さんの言葉を聞いていると、元気が湧いてきます。それが世界で戦って勝つことや、良い組織を作ることにもつながっているんだと感じました。ありがとうございました。

栗田監督就任以後にプロになった選手たち

（※所属は2021年4月時点）

中村帆高（FC東京）
川上優樹（ザスパクサツ群馬）
小野寺健也（モンテディオ山形
※2021年シーズン栃木SCへ期限付き移籍）
安部柊斗（FC東京）
瀬古樹（横浜FC）
森下龍也（サガン鳥栖／現・名古屋グランパス）
中村健人（鹿児島ユナイテッドFC）
佐藤亮（ギラヴァンツ北九州）

【2018年度卒】

岩武克弥（浦和レッズ／現・横浜FC）
上夷克典（京都サンガFC／現・大分トリニータ）
小野雅史（大宮アルディージャ）
後藤大輝（ギラヴァンツ北九州
※2021年シーズン大宮アルディージャへ期限付き移籍）
長沢祐弥（アスルクラロ沼津／現・東京ヴェルディ）

【2020年度卒】

須貝英大（ヴァンフォーレ甲府）
小柏剛（北海道コンサドーレ札幌）
早川友基（鹿島アントラーズ）
常本佳吾（鹿島アントラーズ）
蓮川壮大（FC東京）
佐藤凌我（東京ヴェルディ）
持井響太（東京ヴェルディ）
力安祥伍（ツエーゲン金沢）
坂本亘基（ロアッソ熊本）
佐藤瑶大（ガンバ大阪）
狩土名禅（ギラヴァンツ北九州）
住永翔（AC長野パルセイロ）

【2019年度卒】

加藤大智（愛媛FC※2021年シーズンガンバ大阪へ期限付き移籍）

袴田裕太郎（横浜FC）
村田航一（水戸ホーリーホック）
橋岡和樹（東京23FC／
現・アルビレックス新潟シンガポール〈シンガポール〉）
渡辺悠雅（カマタマーレ讃岐）

【2017年度卒】

鳥海晃司（ジェフユナイテッド市原・千葉／現・セレッソ大阪）
山﨑浩介（愛媛FC／現・モンテディオ山形）
柴戸海（浦和レッズ）
土居柊太（FC町田ゼルビア）
木戸皓貴（アビスパ福岡／現・モンテディオ山形）

【2016年度卒】

服部一輝（カターレ富山／現・福島ユナイテッドFC）
小出悠太（ヴァンフォーレ甲府／現・大分トリニータ）
道渕諒平（ヴァンフォーレ甲府／現・忠南牙山FC〈韓国〉）
河面旺成（大宮アルディージャ）
岩田拓也（ザスパクサツ群馬／現・東京ユナイテッドFC）
早坂龍之介（ザスパクサツ群馬／
現・ウナシュトラッセン〈ルクセンブルク〉）
丹羽詩温（愛媛FC／現・ツエーゲン金沢）

【2015年度卒】

山越康平（大宮アルディージャ）
瀬川祐輔（ザスパクサツ群馬／現・柏レイソル）
小谷光毅（BCFヴォルフラーツハウゼン〈ドイツ〉／現・品川CC）
鈴木達也（いわてグルージャ盛岡※2020年現役引退）
藤本佳希（ファジアーノ岡山／現・愛媛FC）
和泉竜司（名古屋グランパス／現・鹿島アントラーズ）
高橋諒（名古屋グランパス／現・湘南ベルマーレ）
差波優人（ベガルタ仙台／現・ラインメール青森）
室屋成〈中途退部〉（FC東京／現・ハノーファー96〈ドイツ〉）

あとがき

2020年2月、早稲田大学スポーツMBAエッセンスのアメリカ研修に参加しました。キャピタルワンアリーナでワシントンウィザーズの八村塁選手の試合を、翌日には同アリーナでNHLのワシントン・キャピタルズの試合を観戦しました。

ジョージ・ワシントン大学では、アメリカの大学スポーツの凄さ、社会におけるスポーツの価値の高さに感動しました。

ニューヨークではバークレーズ・センター、マディソン・スクエア・ガーデンでNBA観戦や施設見学を行いました。

成田に帰国後、空港から静岡県藤枝市で行われる明治の合宿に参加し、2020年シーズンも当たり前に始まるものと思っていました。

しかし2月中旬、新型コロナウイルス感染拡大の影響で、当たり前が当たり前でなくなりました。サッカーをやる当たり前、スタジアムやアリーナでスポーツを観ながら声援を送り、感動を共有する当たり前。仲間と食事をしながら、笑って語り合う当たり前など、すべてが変わりました。

スポーツ（競技）やエンターテインメントは、人々が生きていくうえで絶対に必要なものではないと思っていましたが、コロナを通じて一番感じたことは、「スポーツやエンターテインメントは、人々の生活に絶対に必要なものである」ということです。

健康のためはもちろんですが、人々が何かに夢中になり、心が揺さぶられること。同じ思いを共有すること。感動したり笑ったりすること。同じ目標・目的に向かって全力で取り組む時間などには、人の心を育む力があります。

それは生きる力や活力、コミュニティを生み出します。

例年では4月から関東大学サッカーリーグが開幕を迎えますが、2020年度は開幕が延期となりました。当部も活動を停止し、寮を閉鎖して全員帰省することになりました。

2カ月の自粛期間を経て、6月に活動を再開しましたが、初日の練習での選手の笑顔、喜びは本当に印象的です。サッカーができる喜びを爆発させていました。

関東大学サッカー連盟を中心に、試合の運営と感染対策の徹底、流通経済大学の協力による一会場での無観客一斉開催などにより、7月から関東大学サッカーリーグが開幕しました。開幕にご尽力頂いた関係者の皆さんには、感謝しかありません。選手にとって、真剣勝負の場ができたことは本当に大きかったと思います。

一方、無観客開催だったので、試合に出られない部員が、会場でトップチームの試合を応援・観戦できないことには苦労しました。

トップチームの基準、公式戦の迫力、明治のユニフォームを着る重み、4年生の明治への思いなどを間近に感じることは、成長にとって欠かすことのできないものだからです。

後期リーグ戦では、例年のような応援はできないものの、会場での観戦も可能になり、創部初の2連覇を全員で迎えられることができました。

当たり前が当たり前でなくなった2020年は、仲間やサポートしてくれる人たち、学校への感謝など、多くのことに気づくことができたシーズンでした。

試合の結果は、選手の層、日々の積み重ね、時の運など色々な要素が重なり合いますが、大切なことは全員が正々堂々とフェアに、毎日を全力で取り組むことです。

2021年春の時点でコロナは終息を迎えてはいませんが、いつか必ず元に戻ることを信じて「良い活動」を継続していきます。

創部100年を迎える2021年、過去の先輩方が築いてきた伝統を継承し、次の100年に向かって進化できるように頑張ります。

そして紫紺の勇者たちが、明治での4年間を通じて、将来どの世界に進んでも人生を切り拓いていけるような思考と人間力を身につけ、世の中に貢献して欲しいと願っています。

「明治発、世界へ」の願いを込めて。

栗田大輔

【著者】

栗田大輔

（くりた・だいすけ）

1970年生まれ。静岡県出身。静岡のサッカー名門校・清水東高校から明治大学政治経済学部へ進学、サッカー部へ入部。卒業後、大手ゼネコンに入社。2005年に横浜市で小中学生を対象にしたクラブチーム「FCパルピターレ」を設立。13年に明治大学サッカー部のコーチとなり、翌年は助監督、そして15年に監督に就任。その年に総理大臣杯、関東大学1部リーグ戦で準優勝。16年には創部95年で総理大臣杯初優勝。同年の関東大学1部リーグで6年ぶり4回目の優勝を果たし2冠達成。19年には総理大臣杯、インカレ（全日本大学サッカー選手権大会）、関東大学1部リーグ、さらには総理大臣杯予選を兼ねたアミノバイタルカップ、天皇杯予選を兼ねた東京都サッカートーナメントを加えた「5冠」を達成。関東大学サッカーリーグ所属チームとしては初の偉業を成し遂げた。監督就任から6年間でタイトルを10個、プロサッカー選手を50人以上輩出している。

明治発、世界へ！

2021年5月7日初版第1刷発行

著　　者　栗田大輔

発 行 人　後藤明信
発 行 所　株式会社 竹書房
〒102-0075
東京都千代田区三番町8番地1
三番町東急ビル6F
e m a i l　info@takeshobo.co.jp
U R L　http://www.takeshobo.co.jp
印 刷 所　共同印刷株式会社

※本作の栗田大輔監督の印税はすべて明治大学体育会サッカー部に寄付されます。